1. Auflage 2007
ISBN 978-3-89883-168-0

Grafische Gestaltung	Georg Feigl
Umschlaggestaltung	Georg Feigl, Jürgen Endriß (Netzwerk GbR)
Texte	Otto Walser
Redaktion	Kathrin Ullerich, Julei M. Habisreutinger
Herstellung	Karin Mayer, Peter Karg-Cordes
Lithografie	Christine Rühmer
Druck und Bindung	EuroGrafica, Marano

In Zusammenarbeit mit dem Bayerischen Fernsehen

Besuchen Sie uns auch im Internet unter www.zsverlag.de

SCHLEMMERREISE

Romantische Straße

Kulinarische Streifzüge auf Deutschlands schönster Ferienstraße

von Werner Teufl und Otto Walser

ZABERT SANDMANN

INHALT

Goldene

Unterwegs auf der Romantischen Strasse

Keine andere deutsche Ferienroute ist weltweit so populär wie die Romantische Straße. Die meisten Amerikaner und mehr als 90 Prozent der Japaner kennen die »Romantic Road«. Aber haben sie auch die »Kinderzeche« in Dinkelsbühl miterlebt (unser Bild), oder wissen sie, dass in Bad Mergentheim Eduard Mörike dichtete und jahrhundertelang der Deutsche Orden regierte? Das ist der Sinn dieses Buches. Es will Ihnen neben den Höhepunkten auch die unbekannten Seiten zeigen. Als eine Handvoll von Pionieren nach dem Krieg die Romantische Straße erfand, ging es den Urvätern auch um eine Rehabilitation des Deutschlandbilds. Ihre Heimat sollte sich als ziviles Staatswesen darstellen, mit bunter landsmannschaftlicher Prägung und Wurzeln, die weit in die europäische Vergangenheit reichen. Was könnte friedlicher sein als ein gedeckter Tisch, an dem man die Gastfreundschaft pflegt? Kommen Sie deshalb mit auf eine Schlemmerreise, die Geschichte und Natur in die Kultur des Essens und Trinkens einbettet. Denn gerade hier lernt man Land und Leute kennen.

Barockjuwel

WÜRZBURG

Überlebensgroße Barockfiguren von Heiligen und Herrschern zieren die Steinerne Brücke über den Main.

Würzburg – allein der Name regt Geist und Gaumen an, auch wenn keineswegs sicher ist, dass er auf Kräutergärten oder gar würzige Weine am Mainufer zurückgeht. Heute jedenfalls ist es der Dreiklang von Landschaft, Kultur und Gastlichkeit, den wir mit der Metropole des fränkischen Weinlands verbinden.

Vielleicht übersprang die Kunst des Weinbaus schon zu Römerzeiten den Limes. Wahrscheinlich waren es aber die iroschottischen Missionare, welche die ersten Reben nach Mainfranken brachten. Es wurde ihnen schlecht gedankt. Gailana, die Frau des Herzogs Gozbert, ließ 689 den Wanderbischof Kilian mit seinen Gefährten hinterrücks ermorden und im Pferdestall der Burg verscharren. Immerhin zeigten die Würzburger Reue: Der Kiliansdom ist eines der Wahrzeichen der Stadt, und der Heilige selbst wurde Patron des Frankenlands. Denn das

Christentum war wie der Wein nicht mehr aufzuhalten. Im Jahr 742 gründete Bonifatius das Bistum Würzburg, und 40 Jahre später ist in einer Urkunde schon vom Weinbau die Rede. Er ist seither aus der Geschichte der Stadt nicht mehr wegzudenken. »Das gemein Volk gibt sich auf den Weinbau, welcher an dem Ort (so) überflüssig wachst, dass man ihn mit Schiffen und Wagen wegführt in die anstoßenden Länder.« Das notierte 1544 der Humanist Sebastian Münster in seiner Städtebeschreibung. Und Matthäus Merian vermerkte auf einem Kupferstich der Bischofsstadt: »Ein sonderbarer Ort, da der beste Wein wachsen thut.«

Der Würzburger Edelstein

Vor allem eine Weinlage war damit gemeint, die schon in einem spätmittelalterlichen Scholarenvers erwähnt wird: »Zu Würzburg am Stein / Zu Klingenberg am Main / Zu Bacharach am Rhein / Da wächst der beste Wein.« Der Würzburger Stein hält alle Rekorde. Er ist die älteste, bekannteste und zugleich auch größte Weinlage Deutschlands. Ein Blick auf das rechte Flussufer zeigt, was ihn dazu prädestiniert: Wie ein nach Süden geöffnetes Amphitheater steigen die 20 bis 80 Prozent steilen Muschelkalkhänge vom Main auf und speichern so die Sonnenwärme.

Bei einem Besuch Würzburgs sollte man deshalb eine Wanderung auf dem Stein-Wein-Pfad nicht versäumen. Vier Kilometer lang führt der Panorama-Rundweg durch die Weinberge. Bei diesem kulturgeschichtlichen Spaziergang erfährt man nicht nur Wissenswertes über Weinbau, Geografie, Flora und Fauna, sondern genießt auch einen herrlichen Blick auf die Domstadt.

Zwei Weißweinsorten gedeihen am Würzburger Stein besonders gut: der Riesling, der seit dem 15. Jahrhundert angebaut wird, und der Silvaner, die typische Frankenrebe. Ihn pflanzte der Ebracher Abt Alberich Degen 1665 erstmals in dieser Lage. Eine lange Liste prominenter Laudatoren preist den Steinwein. Angeführt wird sie von Johann Wolfgang von Goethe. Nicht in Gedichtform, aber sehr eindeutig äußerte sich der Geheimrat 1806 in einem Brief an Christiane Vulpius: »Schicke mir doch einige Flaschen Würzburger; denn kein ande-

Durch seine Muschelform ist der Würzburger Stein von drei Seiten vor widrigen Winden geschützt. In den Muschelkalk der Weinberge sind Tonschichten eingelagert. Kenner rühmen am Steinwein seine mineralischen, rauchigen Aromen, hohes Fruchtpotenzial und strukturierte Dichte.

Dichter, Denker und Gelehrte schätzen seit Jahrhunderten den Steinwein. Goethe wurde ohne ihn »verdrüßlich«, Tucholsky konnte nicht genug von ihm bekommen. Richard Wagner ließ sich von ihm beflügeln, und Wilhelm Röntgen erholte sich vom Strahlenforschen bei einem frischen Schoppen.

rer Wein will mir schmecken, und ich bin verdrüßlich, wenn mir mein gewohnter Lieblingstrank abgeht.« Auch Richard Wagner und Wilhelm Röntgen, der in Würzburg die gleichnamigen Strahlen entdeckte, waren Anhänger des Steinweins. Letzterer schöppelte regelmäßig im Gasthaus »Zaubergarten« am Fuße des Steins. Schlechte Erfahrungen machte hingegen der Schriftsteller Kurt Tucholsky. Mit schwerem Kopf kritzelte er anderntags in sein Tagebuch: »Wir hätten sollen nicht soviel Steinwein trinken. Aber das ist schwer: so etwas von Reinheit, von klarer Kraft und sonnengetränkter Erde war noch nicht da. Und das war nur der offene, in Gläsern – wie wird das erst, wenn die gedrückten Flaschen des Bocksbeutels auf den Tisch gestellt werden.«

Wein tut wohl

Früher besaßen einige Würzburger Honoratioren einen Weinberg am Stein, unter ihnen der Bildschnitzer Tilman Riemenschneider. Inzwischen bebauen nur noch einige private Winzer kleinere Areale, darunter Ludwig Knoll und Bruno Reiss. Der Großteil ist in den Händen zweier wohltätiger Stiftungen und des Freistaats Bayern. Die Hofkellerei fiel 1802 den Bayern zu, als sie in der Rechtsnachfolge der Würzburger Fürstbischöfe auch deren Weinberge erbten. Sie rückten sie, abgesehen von einem Intermezzo, bei dem der vertriebene toskanische Großherzog Ferdinand III. in Würzburg regierte, nicht mehr heraus.

BOCKSBEUTEL

Als das Geburtsjahr des Bocksbeutels gilt 1726. Damals beschloss der Würzburger Stadtrat, dass der Wein zum Schutz vor Panscherei in Flaschen abgefüllt und »verpetschiert« (versiegelt) werden müsse. Damit man sie besser transportieren konnte, wurden die runden Bouteillen an zwei Seiten abgeflacht, die typische Bocksbeutelform entstand. Der Name leitet sich wohl vom Hodensack des Ziegenbocks ab, der schon im Altertum gegerbt und als Feldflasche benutzt wurde. Der fränkische Bocksbeutel ist als Markenzeichen durch das deutsche Weingesetz geschützt. In ihn werden nur Qualitätsweine abgefüllt.

Am ältesten ist der Besitz des Bürgerspitals zum Heiligen Geist. 1316 rief es der Patrizier Johann von Steren zur Pflege Alter und Kranker ins Leben. Die dazugehörigen Weinberge dienten erst nur dem eigenen Bedarf. Ende des 16. Jahrhunderts stand jedem Spitalbewohner ein Maß (1,22 Liter) Wein zu. Bei Unbotmäßigkeit wurde die Ration mit Wasser gestreckt oder ganz gestrichen. Inzwischen ist der Wein die wichtigste Einnahmequelle des Stifts. Es versorgt heute in seinen Häusern 850 Senioren.

Der älteste Steinwein – Jahrgang 1540 – ruht in einem Tresor der tiefen Keller des Bürgerspitals. Man kann diese Schatzkammer bei Weinproben oder Kellerführungen besichtigen. 1540 herrschte hierzulande ein Jahrtausendsommer, viel heißer noch als der Sommer 2003. Spitzenweine dieses Jahrgangs wurden als Raritäten gehütet und teuer gehandelt. Einige Bouteillen davon lagerten im Weinkeller des bayerischen Märchenkönigs Ludwig II. Nach dessen Tod 1886 wurden sie von einem Wiesbadener Weinhändler ersteigert. Sein Nachfahre Henry G. Simon übergab vor zehn Jahren zwei Flaschen des kostbaren Weins dem Bürgerspital als Dauerleihgabe – die eine voll, die andere leer. Denn 1961 hatte bei einem feierlichen Akt in London Weinpapst Hugh Johnson einen 1540er-Steinwein entkorkt und gekostet. Er beschrieb ihn als »braune, madeiraartige Flüssigkeit«, die aber immer noch die »aktiven Lebenselemente« dieses großen Sommers enthalte und sogar den deutschen Ursprung ahnen lasse.

Über dem Mainufer thront die Festung Marienberg, die einst den Würzburger Fürstbischöfen als Wohnsitz und Trutzburg diente.

Zuflucht für das arme Volk

Das ebenso renommierte Juliusspital verdankt seine Gründung im Jahr 1579 dem Fürstbischof Julius Echter von Mespelbrunn. Es sollte eine Zuflucht bilden für das »arme, abgearbeitete und unvermögliche Volk«. Dieser

VERSCHWÖRUNG IM WIRTSHAUS

Im Gefolge der Reformation kam es Anfang des 16. Jahrhunderts zum Aufstand der Bauern, die sich mit der neuen Religion auch die Befreiung von Leibeigenschaft und Zinslast erhofften. Angeführt wurden die Haufen vom verarmten Ritterstand. Dritte im Bunde waren die zu Wohlstand und Einfluss gekommenen Bürger der Städte, die sich von der Landesherrschaft emanzipieren wollten. Die Würzburger verbrüderten sich im Mai 1525 mit den Aufständischen – dem Schwarzen Haufen der Bauern aus dem Taubertal und dem Hellen Haufen vom Neckar, die sich in der Stadt einquartiert hatten und die Festung Marienberg belagerten. Hauptquartier der von Florian Geyer geführten »Schwarzen«, deren Name sich von der dunklen Kleidung der Bauern ableitete, war der »Gressenhof«, das heutige »Weinhaus Zum Stachel«. Als Erkennungszeichen hängte man einen Morgenstern, den »Stachel«, zum Fenster hinaus. Hier traf man sich mit Götz von Berlichingen, dem Führer der »Hellen«, und sympathisierenden Stadträten, angeführt von dem Würzburger Bürgermeister Tilman Riemenschneider.

Blutige Rache

Die Belagerung blieb erfolglos, Götz von Berlichingen wurde der Verräterei bezichtigt, die Bauern zerstritten sich und wurden in drei Schlachten vernichtend geschlagen. Die Würzburger schwenkten um und öffneten dem anrückenden Fürstbischof die Tore. Der ließ Hunderten von Bauern, die zum Schutz der Stadt zurückgeblieben waren, den Kopf abschlagen. Die Ratsherren kamen in Kerkerhaft.

In diesen blutigen Junitagen bewährte sich der Stachelwirt als Freund und Helfer, versteckte so manchen und verhalf anderen zur Flucht. Für Überlebende und Leidtragende wurde der »Stachel« zu einem Ort der Informationen und einer Quelle des Trosts. Durch die Jahrhunderte blieb das Gasthaus ein Symbol selbstbewussten Bürgertums – auch wenn hier nur noch Stammtischpolitik gemacht wurde.

Auftrag wird noch immer erfüllt, dank einer klugen Grundstückspolitik, die über Jahrhunderte betrieben wurde. Die Stiftung erwarb zu den Weinbergen am Würzburger Stein auch andere fränkische Spitzenlagen. Herzstück des Weinguts ist aber der 250 Meter lange Fasskeller unter dem mächtigen, schlossähnlichen Spitalsgebäude geblieben.

Schmausen mit Aussicht

Neben den Weinstuben dieser drei großen Kellereien besitzt Würzburg eine ganze Reihe stimmungsvoller Gasthäuser und Restaurants. Eines davon liegt mitten in den Weinbergen des Würzburger Steins und heißt deshalb kurz und bündig »Weinstein«. Sternekoch Bernhard Reiser zelebriert hier eine kreative Küche, die dennoch nicht ihre Bodenhaftung verloren hat. Ein gelungenes Beispiel sind seine Maultaschen, die er mit einer Flusskrebs-Zander-Farce füllt.

Auf zwei Terrassen direkt über dem Fluss genießt man in der »Alten Mainmühle« typische Spezialitäten der fränkischen Küche.

Einer einmaligen Lage erfreut sich auch das Restaurant »Alte Mainmühle«. Bis 1920 drehte sich hier am Main tatsächlich noch das Mühlrad. Im Sommer sitzt man auf zwei Terrassen direkt über dem Fluss, aber auch bei schlechtem Wetter genießt man durch die großen Fenster eine der schönsten Aussichten Würzburgs. Die »Alte Mainmühle« liegt neben der alten Steinernen Brücke mit ihrem barocken Figurenschmuck. Am anderen Flussufer erhebt sich die Festung Marienberg. Die Küche bietet Fränkisches auf hohem Niveau: »Schweinsschäufele«, über Buchenholz gegrillte »Brodwerschtla« oder »Blaue Zipfel« in Weinsud. Gern kocht Küchenchef Markus Grein auch Wildspezialitäten aus dem nahen Spessart.
Eine Institution ist das 600 Jahre alte »Weinhaus Zum Stachel«. Seinen Namen bekam es in den Bauernkriegen von dem mit Eisennägeln gespickten Morgenstern. Im Jahr 1525 spielte das Gasthaus bei diesen blutigen Aus-

einandersetzungen eine bedeutende Rolle. Würzburger Stadträte, unter ihnen Bürgermeister Tilman Riemenschneider, konspirierten hier mit Götz von Berlichingen und Florian Geyer, den Anführern der aufständischen Bauern. Eine Pracht ist der uralte, mit Balustraden geschmückte Innenhof des »Stachel«. Wirt Richard Huth hält es noch immer mit den Bauern. Sein Sauerkraut bezieht er vom Biohof, sein Fleisch wie die Bronzepute, eine alte Truthahnrasse, von kleinen Züchtern.

Ratsherren im Kerker

Der Bauernaufstand war bald grausam niedergeschlagen. Die Würzburger Ratsherren mit Tilman Riemenschneider an der Spitze schmachteten in der Festung Marienberg und wurden gefoltert. Nach zwei Monaten kamen die aufmüpfigen Kommunalpolitiker wieder auf freien Fuß, allerdings nahm man ihnen ihr Vermögen. Hartnäckig hält sich die Legende, Riemenschneider seien im Gefängnis die Hände gebrochen worden, sodass er nicht mehr arbeiten konnte. Dafür gibt es keine Anhaltspunkte. Die Obrigkeit sorgte ohnehin dafür, dass er keine größeren Aufträge mehr bekam. Zurückgezogen verbrachte der Künstler seine letzten Lebensjahre und starb, etwa siebzigjährig, 1531.

Das Schicksal wollte es, dass ausgerechnet in der Zwingburg der Fürstbischöfe heute die größte Sammlung der Werke Riemenschneiders gezeigt wird. Auch der Meister selbst tritt dem Besucher des Mainfränkischen Museums auf dem Marienberg entgegen. Sein Sohn Jörg hat ihn auf die Grabplatte gemeißelt: einen ernsten Mann mit einem tragischen Zug um den Mund. Gesichter, die von Verzückung bis zu tiefem Leid alles ausdrücken konnten, das war auch die große Kunst dieses Bildhauers, der

FESTKALENDER

Drei gute Anlässe, um nach Würzburg zu kommen: Ende Mai/Anfang Juni schenken beim »Weindorf« auf dem Marktplatz die Winzer ihre besten Tropfen aus. Dazu gibt es Musik und fränkische Schmankerl. Zur selben Zeit tobt auf den Mainwiesen vor der Stadt das Afrika-Festival, das größte in Europa mit jährlich 100 000 Besuchern: viel Tamtam, Tanz und Kebab, aber auch ernsthafte Informationen. Anfang Juli wird Würzburgs Stadtpatron, der heilige Kilian, mit Prozession, Trachtenumzug und dem größten Volksfest Mainfrankens gefeiert.

Marmor und fränkischen Sandstein ebenso meisterhaft wie Lindenholz bearbeitete. Als einer der Ersten verzichtete er häufig auf die farbige Fassung seiner Figuren und ließ das Material für sich sprechen.

Balthasar Neumanns Geniestreich

In der späten Barockzeit genügte die Festung Marienberg den Repräsentationsansprüchen der Würzburger Bischöfe nicht mehr. Sie beauftragten den damals noch völlig unbekannten Ingenieur und Militärhauptmann Balthasar Neumann mit dem Neubau einer Residenz am Rand der Stadt. Sie wurde Neumanns Meisterstück und begründete Würzburgs Ruf als Barockjuwel. Berühmtere Kollegen wie Johann Dientzenhofer oder die Franzosen Robert de Cotte und Germain Boffrand standen dem Neuling bei – nicht immer zur Freude des ehrgeizigen Baumeisters.

Den Frankonia-Brunnen vor der Residenz widmeten die Würzburger dem bayerischen Prinzregenten Luitpold, der hier geboren wurde.

Schließlich wurde auch noch Lucas von Hildebrandt aus Wien geholt und bezweifelte die gewagte Statik der freitragenden Kuppel über dem Treppenhaus. Wenn das halte, werde er sich darunter aufhängen. Neumann antwortete kess: Unter der Kuppel könne man eine Batterie Kanonen abfeuern, ohne dass sie einen Riss bekomme. Neumann hatte Recht, Hildebrandt blieb aber der Strick erspart. Der Venezianer Giovanni Battista Tiepolo bedeckte das 600 Quadratmeter überspannende Muldengewölbe mit dem größten Deckenfresko der Welt. Am Rand des Gemäldes sitzt Balthasar Neumann, in Galauniform fröhlich auf einer Kanone reitend.
Die Anekdote, die uns Neumanns Sohn Franz Ignaz überliefert, hat sich 200 Jahre später bewahrheitet. Im Bombenhagel, der am 16. März 1945 über Würzburg niederging und große Teile der Residenz in Schutt und Asche legte, hielt Neumanns Kuppel stand, obwohl auf ihr tonnenschwer der Brandschutt lastete. Tiepolos Götterhimmel, in dem die Erdteile der Kunststadt Würzburg huldigen, blieb der Nachwelt erhalten.

RESTAURANTS & GASTSTÄTTEN

Im Restaurant Weinstein zelebriert Sternekoch Bernhard Reiser eine kreative Küche, die dennoch nicht ihre Bodenhaftung verloren hat.

Restaurant Weinstein
Mittlerer Steinbergweg 5
97080 Würzburg
Tel. 0931/286901
www.der-reiser.de

■ Schickes Restaurant mitten in den Weinbergen des Würzburger Steins. Moderne Kunst an rustikalen Backsteinwänden, große Terrasse und eine Weinbar, von der aus man Sternekoch Reiser und seinem Team bei der Arbeit zusehen kann. Der Meister gibt auch Kochkurse.

Weinhaus Zum Stachel
Gressengasse 1
97070 Würzburg
Tel. 0931/52770
www.weinhaus-stachel.de

■ Traditionshaus in der Altstadt mit historischen Stuben. Am schönsten ist es an einem lauen Sommerabend im Renaissance-Innenhof, wenn auf den Tischen die Kerzen flackern und den Steinwein im Glas zum Funkeln bringen.

Alte Mainmühle
Mainkai 1
97070 Würzburg
Tel. 0931/16777
www.alte-mainmuehle.de

■ Aus der alten Mühle an der Steinernen Brücke ist ein Schmuckstück der Würzburger Gastronomie geworden. Gekocht wird bodenständig. Unter der Rubrik »Franken geht fremd« steht allerdings auch eine Mango-Curry-Suppe auf der Speisekarte.

SEHENSWÜRDIGKEITEN

■ *Kiliansdom:* Eine kunstgeschichtliche Zeitreise von der Romanik bis zur Moderne unternimmt man im Würzburger Dom. Beim Wiederaufbau nach dem Bombenhagel versuchte man eine »Re-Romanisierung« des Doms, die heute eher unglücklich wirkt. Sehenswert sind die einmalige Galerie der Bischofsgrabmäler, darunter zwei von Riemenschneider, und die Schönbornkapelle von Balthasar Neumann.

■ *Neumünster:* Über der Marterstätte Kilians und seiner Gefährten wölbt sich dieses barocke Gotteshaus, an dem unter anderem Johann Dientzenhofer und die Brüder Dominikus und Johann Baptist Zimmermann mitgewirkt haben. Dahinter liegt das Lusamgärtchen mit einem Denkmal des Minnesängers Walther von der Vogelweide, der hier begraben sein soll.

■ *Marktplatz:* Der Marktplatz entstand 1349 durch die Zerstörung des jüdischen Gettos. An der Stelle der Synagoge steht die gotische Marienkapelle mit ihren hoch aufstrebenden Kreuzrippengewölben. Mit dem nahen Falkenhaus in seinem reichen Rokoko-Schmuck bildet die Kirche eines der schönsten Ensembles der Stadt.

■ *Fürstbischöfliche Residenz:* Für das ab 1720 errichtete Barockschloss war Balthasar Neumann als Architekt verantwortlich. Das Treppenhaus mit dem Deckenfresko von Giovanni Battista Tiepolo, der Kaisersaal, der Weiße Saal und der Spiegelsaal bilden ein einzigartiges Ensemble, das von der UNESCO vor gut 20 Jahren zum Weltkulturerbe erklärt wurde.

ALLGEMEINE INFORMATIONEN

Tourist Information im Falkenhaus am Marktplatz
97070 Würzburg
Tel. 0931/372335
www.wuerzburg.de

Täglich geöffnet, im Sommer 9–18 Uhr, im Winter 10–16 Uhr Garten bis zum Einbruch der Dunkelheit geöffnet

SEHENSWÜRDIGKEITEN

Mainfränkisches Museum
April–Okt. Di–So 10–17 Uhr
Nov.–März Di–So 10–16 Uhr

■ ***Festung Marienberg:*** Von den alten Kelten bis zu den Bischöfen der Barockzeit haben viele am Würzburger Burgberg gebaut. Glanzstück der mächtigen Anlage ist das Mainfränkische Museum mit dem Riemenschneider-Saal.

WEINKELLER-FÜHRUNGEN

Bürgerspital Hl. Geist
Theaterstraße 19
März–Okt. Sa 14 Uhr
Tel. 09 31/3 50 34 51
www.buergerspital.de

Juliusspital
Klinikstraße 1
April–Nov. Fr und Sa 17 Uhr
Tel. 09 31/3 93 14 06
www.juliusspital.de

Staatlicher Hofkeller
Residenzplatz 3, Treffpunkt
Frankonia-Brunnen
März–Nov. Sa stündlich
10–17 Uhr (außer 13 Uhr),
So stündlich 10–16 Uhr
(außer 13 Uhr)
Tel. 09 31/3 05 09 23
www.hofkeller.de

■ Neben der (vermutlich noch trinkbaren) Flasche der Lage »Würzburger Stein« des »Jahrtausendjahrgangs« 1540 besitzt die Schatzkammer des Weinkellers eine komplette Sammlung der Jahrgänge seit 1958.

■ Der Holzfasskeller aus dem Jahr 1699 unter dem Fürstenbau ist noch heute das Herzstück der Kellerei. Beeindruckend sind die prachtvoll geschnitzten Prunkfässer aus der Barockzeit bis in die Gegenwart.

■ In den zehn Meter hohen Gewölben des 4000 Quadratmeter großen Hofkellers unter der Residenz stehen unter anderem noch das 50 000 Liter bergende »Deputatsfass« für die Hofbeamten und ein Barockfass, das zur Lagerung des legendären Jahrgangs 1540 bestimmt war – leider leer.

BRONZEPUTE MIT GEWÜRZHONIGKRUSTE

WEINHAUS ZUM STACHEL

1 Für den Gewürzhonig alle Zutaten miteinander verrühren, mit dem Stabmixer aufschlagen und durch ein Sieb streichen. Für die Glasur der Pute benötigt man etwa 1 EL Gewürzhonig.

2 Für die Pute den Backofen auf 160 °C vorheizen. Das Fleisch mit Salz und Pfeffer würzen. Das Öl erhitzen und das Fleisch darin mit dem Rosmarinzweig und der ganzen Knoblauchzehe auf beiden Seiten scharf anbraten. Dann mit der Hautseite nach unten im Ofen 15 Minuten garen. Das Fleisch aus dem Ofen nehmen und die Grillfunktion einschalten. Die Hautseite des Putenbratens mit dem Gewürzhonig bestreichen und unter dem Backofengrill goldbraun überbacken.

3 Das Fleisch in Scheiben schneiden und mit selbst gemachter Geflügelsauce oder reduziertem Geflügelfond servieren. Als Beilage passen Haferrisotto und frisches Gemüse der Saison.

Für 2–3 Personen

GEWÜRZHONIG

50 g Akazienhonig
10 g gemahlener Koriander
Pfeffer aus der Mühle
1 zerstoßene Gewürznelke
5 zerstoßene Sternanis
2 EL Aceto balsamico

PUTE

700 g Putenbraten aus der Oberkeule (mit Haut; von der Bronzepute oder einem anderen Truthahn aus Freilandzucht)
Salz · Pfeffer aus der Mühle
2 EL Öl
1 Zweig Rosmarin
1 geschälte Knoblauchzehe

ZWEIERLEI REH MIT ESSIGKIRSCHEN UND GRÜNEM SPARGEL

ALTE MAINMÜHLE

Für 4 Personen

BROTFARCE

2 Scheiben Schwarzbrot (ohne Rinde)
Zimt · Pfeffer aus der Mühle
100 g Salzbutter
2 Eigelb

ESSIGKIRSCHEN

50 g Zucker
1/4 l Spätburgunder
4 cl Portwein
2 cl Estragonessig
250 g Kirschen (entsteint)
100 g kalte Butter

SPARGEL

600 g grüner Spargel
Salz · Zucker
50 g Butter (in Stücken)

FLEISCH

600 g ausgelöster Rehrücken
2 EL Butterschmalz
2 Rehfilets
100 g Steinpilze
1 Schalotte
1/2 Glas Wildfond
Wildgewürz · Butter

1 Für die Farce das Brot goldbraun rösten und abkühlen lassen. Eine Scheibe in Würfel schneiden, die andere fein mahlen. Beides mischen, mit Zimt und Pfeffer bestreuen. Salzbutter und Eigelbe schaumig aufschlagen und mit dem Brot vermengen.
2 Für die Essigkirschen den Zucker leicht karamellisieren. Mit Spätburgunder, Portwein und Essig ablöschen. Einkochen lassen und umrühren, bis sich der Zucker aufgelöst hat. Die Kirschen dazugeben und kurz aufkochen lassen. Die Sauce mit der kalten Butter aufschlagen.
3 Von den Spargelstangen die holzigen Enden abschneiden und das untere Drittel schälen. Die Stangen in kochendem Salzwasser mit Zucker und Butterstücken 6 bis 8 Minuten gar ziehen lassen.
4 Für das Fleisch den Backofen auf 150 °C vorheizen. Den Rehrücken in vier Portionen teilen und in 1 1/2 EL Butterschmalz rundum anbraten. Dann im Ofen 10 Minuten garen und anschließend warm stellen.
5 Die Rehfilets in etwa 2 cm große Stücke schneiden. Mit den in Scheiben geschnittenen Steinpilzen und der gehackten Schalotte im restlichen Butterschmalz andünsten. Den Wildfond dazugießen und einköcheln lassen. Das Rehgulasch zuletzt mit Wildgewürz und etwas Butter verfeinern.
6 Die Rehrückenscheiben mit der Brotfarce bestreichen und unter dem Backofengrill überbacken. Die einmal schräg durchgeschnittenen Rückenstücke auf dem Rehgulasch anrichten. Den Spargel dazugeben und mit den Kirschen garnieren.

Maultaschen von Flusskrebsen auf Rahmlauch

Restaurant Weinstein

1 Aus Mehl, Grieß, Eiern und Olivenöl einen Nudelteig kneten und abgedeckt etwa 30 Minuten kühl stellen.

2 Für die Füllung das Bier mit den Gewürzen und dem Gemüse aufkochen. Die Krebse 1 Minute in dem Sud kochen. Herausheben und abkühlen lassen, das Krebsfleisch auslösen und klein schneiden.

3 Das Fischfilet mit der Sahne und dem Eiweiß in der Küchenmaschine zerkleinern, mit Salz und Pfeffer würzen. Den Schnittlauch in feine Röllchen schneiden und mit dem Krebsfleisch unter die Farce rühren. Noch einmal abschmecken.

4 Den Nudelteig zu einem dünnen Rechteck ausrollen. Die Füllung in der Mitte aufstreichen und die Teigränder darüberschlagen. Die Teigrolle in etwa 5 cm dicke Stücke schneiden, dabei jeweils die Teigenden andrücken. Die Maultaschen in siedendem Salzwasser einige Minuten garen.

5 Für das Gemüse den Lauch in Streifen schneiden und in der Butter andünsten. Mit Salz, Pfeffer, Muskatnuss und Zucker würzen. Den Lauch mit der Sahne ablöschen und cremig einkochen lassen.

6 Die Maultaschen auf dem Rahmlauch anrichten.

Für 4 Personen

Nudelteig

500 g doppelgriffiges Mehl
200 g Hartweizengrieß
6 Eier · 2 EL Olivenöl

Füllung

1 Flasche Bier
10 g Kümmel
15 g Meersalz
10 g Senfkörner
10 g Fenchelsamen
5 g Pfefferkörner
je 50 g Zwiebeln, Karotten, Knollensellerie und Fenchel (grob geschnitten)
500 g Flusskrebse
150 g Zanderfilet
100 g Sahne · 1 Eiweiß
Salz · Pfeffer aus der Mühle
1 Bund Schnittlauch

Gemüse

2 Stangen Lauch
2 EL Butter
Salz · Pfeffer aus der Mühle
Muskatnuss · Zucker
50 g Sahne

Unterwegs im TAUBERTAL

Der Türmersturm ist das Wahrzeichen von Tauberbischofsheim. Wenn gefeiert wird, hängt man die Fahnen aus.

Hinter Würzburg verlässt die Romantische Straße den Main. Sie folgt der Tauber nach Süden bis zu ihrer Quelle auf der Frankenhöhe. Vor der Mündung weitet sich das Tal zu einer anmutigen Landschaft mit sanften Hügeln, zwischen denen malerische Städtchen wie Tauberbischofsheim und Bad Mergentheim nisten.

Viele Orte führen die Tauber im Namen. Den Bürgern ist »Tauberbischofsheim« entschieden zu lang. Sie kürzen es bündig auf »Bischem« ein. Bischofsheim, das deutet darauf hin, dass die Stadt jahrhundertelang zum Einflussbereich der Mainzer Bischöfe gehörte. Sie bauten im 13. Jahrhundert das Wahrzeichen des Ortes, den runden Türmersturm, und daneben das Schloss, in dem der bischöfliche Verwalter residierte.

Die geistliche Karriere Tauberbischofsheims begann schon früh. Bonifatius, der »Apostel der Deutschen«, bat im Jahr 735 seine englische Verwandte Lioba (»Liebe Gebende«), das neu gegründete Nonnenkloster an der Tauber als Äbtissin zu leiten. Die Tochter aus gutem Hause wurde die Stammmutter der Frauenorden in Deutschland. Tauberbischofsheim bildete den Nachwuchs für viele Frauenkonvente aus, die nach der Regel des heiligen Benedikt – »Ora et labora« – zusammen beteten und arbeiteten. Lioba ist die Stadtheilige von Tauberbischofsheim, eine Kirche und das immer noch bestehende Frauenkloster tragen ihren Namen.

Die »Bischemer Kröten«

Aber auch unter dem Krummstab der Bischöfe war gut leben. Davon zeugen die stattlichen Barockhäuser, die zusammen mit dem Schloss das Gesicht der Altstadt prägen. Im Sitz des Amtsvogts residiert heute das Tauberfränkische Landschaftsmuseum, das sakrale Kunst, Haus- und Handwerksgerät von der Gotik bis zum Biedermeier zeigt. Vom größten Kunstwerk ihrer Stadt, dem Kreuzigungsaltar Matthias Grünewalds, besitzen die Bischofsheimer leider nur noch eine Kopie. Das Original steht wohlverwahrt und viel bewundert in der Kunsthalle Karlsruhe.

Der Krötenbrunnen nahe Schloss und Stadtmauer zeigt, dass die »Bischemer« durchaus zur Selbstironie fähig sind. »Kröten« werden sie nämlich von ihren Nachbarn genannt. Warum das so ist, dafür gibt es zwei Begründungen: »Weil sie viel quaken, aber nicht beißen«, sagen die einen. Die anderen greifen auf die Historie zurück: Im späten Mittelalter hätten die faulen Bischemer ihren Stadtgraben derart versumpfen lassen, dass jeder Besucher schon von Weitem mit einem Froschkonzert begrüßt wurde. Solcher Spott fliegt munter hin und her, wenn sich Stadt und Land Anfang Juli zum Altstadtfest treffen.

KURMAINZ

Fast 600 Jahre lang, bis 1803, gehörte Tauberbischofsheim zur Kurmainz, dem Land der Mainzer Bischöfe. Wie die Oberhirten von Köln und Trier waren die Mainzer Kurfürsten, die den deutschen Kaiser wählten. Dieser »weltliche« Besitz stimmte nur teilweise mit den Bistumsgrenzen überein. Die Städte von Kurmainz besaßen nicht die Privilegien der unmittelbar dem Kaiser unterstellten Reichsstädte, durften sich jedoch mit Erlaubnis des Bischofs zu einem »Neun-Städte-Bund« zusammenschließen, dem unter anderem Aschaffenburg und Tauberbischofsheim angehörten.

Die 20 Vereine – allen voran die Fastnachtsgesellschaft »Bischemer Kröten« – geben ihr Bestes, um die Besucher zu unterhalten. Ein eigenes Festbier wird zu diesem Anlass eingesotten. Es stammt von der »Brauerei Distelhäuser« im gleichnamigen Ortsteil, auf die man in Tauberbischofsheim mächtig stolz ist. Sie hat nämlich beim »World Beer Cup« in Amerika mit ihrem Pils die Goldmedaille geholt.

Seither gibt es in Distelhausen »Erlebnisbesichtigungen«. Angst vor Werksspionage hat der Brauer Stefan Bauer dabei nicht. Wasser, Gerste und Weizen für das Bier stammen aus dem Taubertal – das ist sein Erfolgsgeheimnis. Auch der Koch im Bräustüberl handelt nach dieser Devise. Hier kommt auf den Tisch, was in der Region wächst und gedeiht, wie zum Beispiel Wildschweinbraten, der mit würzigen Grünkern-Trambele serviert wird.

Wie nordische Backsteingotik wirkt das Tauberbischofsheimer Rathaus. Es bildet einen reizvollen Kontrast zu den Fachwerkhäusern am Markt.

Aber nicht nur mit süffigem Bier, sondern auch mit gutem Wein sind die Bischofsheimer gesegnet. Die Stadt besitzt sogar einen eigenen Weinberg. Als Versuchsgut trägt der »Edelberg« zehn Sorten Weißen und Roten. In der Umgebung locken kleine Weindörfer wie Impfingen. Hier kann man in der Besenwirtschaft des ökologischen »Weinguts Lauerbach« die Taubertal-Tropfen an Ort und Stelle verkosten.

Kurort und Ordensburg

Bad Mergentheim, 20 Kilometer flussaufwärts, stand vom Mittelalter bis zur Säkularisation im Jahr 1809 unter einem anderen frommen Regiment. Erst waren die Johanniter hier tätig, dann siedelte sich der während der Kreuzzüge gegründete Deutsche Orden an. Macht und Einfluss dieses Ritterordens mit seinen weit verzweigten Niederlassungen wuchsen, auch als es im Heiligen Land nichts mehr zu verteidigen gab. Mergentheim gehörte zu den blühendsten Filialen. Nach dem Rückzug aus Nordosteuropa wurde es 1525 gar Hauptsitz des Ordens und seines Hoch- und Deutschmeisters. Eine rege Bautätigkeit setzte ein, um die alte Wasserburg aus der Stauferzeit zu einer standesgemäßen Residenz umzubauen: Neue Repräsentations- und Verwaltungsräume entstanden, zwei kunstvolle Treppenhäuser verbanden Alt und Neu. Eines von ihnen, die freitragende Spindel der »Großen Schnecken«, gilt als eines der schönsten Beispiele deutscher Renaissance-Baukunst. Vom Glanz des Ordensschlosses profitierte auch die Stadt vor seinen Toren. Die Ordensbeamten – nun vor allem mit der Vermögensverwaltung der umfänglichen Besitzungen beschäftigt – bauten sich prächtige Häuser am Marktplatz. Hier steht auch der Brunnen mit einem Ritterstandbild, das den Deutschmeister Wolfgang Schutzbar, genannt der »Milchling«, darstellen soll. Ihm verdankte Mergentheim eine für damalige Zeiten hochmoderne Wasserversorgung.

Ein architektonisches Meisterwerk ist die freitragende Renaissance-Wendeltreppe im Mergentheimer Residenzschloss des Deutschen Ordens. Der Stuttgarter Baumeister Blasius Berwart hat diese »Große Schnecken« errichtet.

Lob aus Dichtermund

Das Schloss birgt heute das Deutschordensmuseum. Ein Saal ist aber auch Eduard Mörike gewidmet, der Mergentheim in einem seiner liebenswürdigsten Gedichte verewigte. Es beginnt: »Ein Städtchen blüht im Taubergrund/Das lob und preis ich alle Stund/Da lebt es sich so feine…«. Von 1844 bis 1851 wohnte Mörike mit seiner Schwester Klara in Mergentheim. Schmalhans war Küchenmeister, denn der Dichter hatte seine Pfarr-

Deutscher Orden

Der Deutsche Orden wurde im Jahr 1190 im Heiligen Land als Hospitalbruderschaft gegründet, verwandelte sich aber bald in einen Ritterorden zur Verteidigung des Christentums. Das letzte Mal zu den Waffen griffen die Ritter im späten 17. Jahrhundert in den Türkenkriegen vor Wien. Von da an wurde der Deutsche Orden vor allem zu einem Versorgungsinstitut für nachgeborene Fürstensöhne, die sich mit hohen Summen einkauften. Wiederbelebt wurde der Orden in der späten k.-&-k.-Monarchie. Heute existiert er als geistliche Gemeinschaft, die sich der Seelsorge und sozialen Aufgaben widmet.

Ein Indianer im Schloss

Mit einer historischen Wachparade gedenkt man heute noch in Mergentheim des Herzogs Paul Wilhelm von Württemberg, der im Jahr 1809 den Deutschen Orden als Schlossbesitzer ablöste. Der leutselige Herr war eine der schillerndsten Persönlichkeiten seiner Zeit. Von einer Studienreise in den Wilden Westen im Jahr 1823 brachte Paul Wilhelm den 18-jährigen Baptiste Charbonneau, einen Halbindianer, mit. Als er ihn dann adoptierte, löste das bei Hofe einen Skandal aus. Mit Baptiste kehrte der Herzog sechs Jahre später nach Nordamerika zurück. Dort blieb der Ziehsohn als geachteter Pelzjäger. Der Herzog selbst verbrüderte sich mit einigen Indianerhäuptlingen und entdeckte als erster Weißer den Ursprung des Mississippi.

Adeliges Enfant terrible

Wieder zu Hause, ernannten die Mergentheimer den Herzog zum Ehrenbürger. Statt einer standesgemäßen Militärlaufbahn promovierte Paul Wilhelm zum Doktor der Philosophie und Medizin. Schloss Mergentheim wollte er zu einem naturwissenschaftlichen Museum ausbauen. Er korrespondierte mit Größen seiner Zeit und war Ehrenmitglied der Kaiserlich Leopoldinischen Akademie zu Wien.

Daheim in Württemberg rümpfte man eher die Nase und bezeichnete Paul Wilhelm als »Zigeunerprinzen«. Zu diesem Spitznamen mag auch sein lockerer Lebenswandel beigetragen haben. Von seiner Frau ließ sich der Herzog scheiden, mit dem 17-jährigen Töchterchen des Schlosstürmers hatte er ein uneheliches Kind.

Nach einer Erkältung starb der Herzog binnen weniger Tage. Er kam nicht mehr dazu, seine Forschungen auszuwerten und der Nachwelt zu überliefern. Der Großteil der Sammlungen, Skizzen und Aufzeichnungen ging bei einem Bombenangriff Ende des Zweiten Weltkriegs verloren. Die Mergentheimer gedenken heute noch des beliebten Herrschers, der auch Ehrenkommandant der örtlichen Schützen war. Von Mai bis September marschiert immer freitags abends ein Trupp in historischen Uniformen zum Schloss und hält dort Ehrenwache. Dabei wechseln sich die »Blauen«, die »Deutschorden-Compagnie« des Herzogs, mit den »Grünen«, dem Schützencorps, ab.

stelle aufgegeben. »Lamentoso. Was esse mer heute?«, jammerte Klara. Dies und anderes hat Mörike feinsäuberlich in einem Haushaltungsbuch aufgezeichnet, das er mit Glossen und Zeichnungen schmückte. In Mergentheim schrieb Mörike nicht nur seine schönsten Gedichte, sondern fand auch sein Glück. Im Haus des Oberstleutnants von Speeth, wo das Geschwisterpaar logierte, kamen sich die Tochter Margarete und Eduard näher. Sie prüften sich lange – die Verlobungszeit währte sieben Jahre. 1851 schließlich traten sie in der Schlosskirche vor den Traualtar – ein reifes Paar: er 47, sie 33 Jahre alt. Zwei Töchter waren der Ehe beschieden. Doch in den letzten Lebensjahren trennte sich Mörike von Margarete, ehe er 1875 in Stuttgart starb.

Die Heilquellen

Es war zu Mörikes Zeiten, dass Mergentheims Karriere als Kurort begann. Der Schäfer Franz Gehrig weidete an einem Oktobertag des Jahres 1826 seine Herde am rechten Tauberufer. Die Schafe drängten sich um eine Sickerstelle, und Gehrig kostete vorsichtig: Das Wasser schmeckte salzig und bitter. Der Schäfer eilte aufs Ratshaus, Bürgermeister und Amtsarzt besichtigten noch am selben Tag die Quelle. Untersuchungen ergaben, dass man durchaus mit dem berühmten Kissinger Wasser konkurrieren konnte. 1829 begann – sehr bescheiden – die erste Mergentheimer Kursaison.

Über einem achteckigen Renaissancebrunnen bewacht die Statue des Deutschmeisters Wolfgang Schutzbar, genannt »Milchling«, den Marktplatz von Mergentheim. Hinter den Zwillingshäusern ragt der Turm des Münsters auf.

Bereits dem nervösen Feingeist Mörike hat das Heilwasser gutgetan. »Die kristallhelle Quelle flößte mir am andern Morgen den ganzen Unrat aus der Seele«, notierte er. Das gilt noch heute. Denn – wo auch immer die Seele ihren Sitz haben mag – die vier Mergentheimer Bitter- und Glaubersalzquellen haben einen wohltuenden Einfluss auf Galle, Leber und Darm. Und so zapfen sich im lichten Trinktempel heute noch die Kurgäste ihr Gläschen und schlucken es tapfer hinunter. Auch äußerlich angewendet, hat das warme Mineralwasser heilende Wirkung bei Rheuma und Gelenkschäden. Doch nicht allein das macht Bad Mergentheim zu einem der beliebtesten Kurorte Deutschlands. Die Gäste ergehen sich im weitläufigen Kurpark mit seinem Rosengarten und lauschen der Kurkapelle, die von Mozart bis zu den Beatles alles in ihrem Repertoire hat.

Schlemmen in der »Zirbelstube«

Nicht wenig zum Wohlbefinden trägt eine gepflegte Gastronomie bei, die Feinschmecker bis aus den Metropolen Frankfurt und Stuttgart hierherlockt. Sie schlemmen beispielsweise in der »Zirbelstube« von Otto Geisels »Hotel Victoria«. Seit mehr als einem Jahrzehnt heimsen der Patron und seine Küchenchefs den begehrten Michelin-Stern ein. Dass es noch nicht mehr sind, liegt möglicherweise an ihrer Starrköpfigkeit. Die Basisprodukte beziehen sie grundsätzlich nur von Bauern aus der Region und nicht vom Feinkost-Großhandel. Darum steht nicht zu jeder Jahreszeit alles auf der Speisekarte. Gerade das ist es, was Gourmets an der Zirbelstube schätzen. Ein Rinderbraten vom Limpurger Ochsen oder Cannelloni mit einer Füllung vom hällischen Landschwein schmecken eben unvergleichlich. In Geisels Keller lagern alle großen Tropfen Italiens und Frankreichs. Aber selbst hier empfiehlt der international ausgewiesene Weinexperte gern auch einmal einen Roten oder Weißen von der Tauber, wenn er typisch schmeckt und zum Essen passt.

Ähnlich patriotisch denken Hans Jörg Bundschu und seine beiden Söhne in ihrem gleichnamigen Hotel. Das meisterlich kochende Trio fährt gern hinaus zum Fisch-

LANDSCHWEINE

Eine steile Karriere erlebt zurzeit das vor 30 Jahren fast ausgestorbene hällische Landschwein, das nach der Kreisstadt Schwäbisch Hall benannt wurde. 1820 führte der württembergische König Wilhelm chinesische Maskenschweine ein und ließ sie mit heimischen Rassen kreuzen. So entstand die typische Zeichnung der »Hällischen«: schwarz der Kopf und das Hinterteil, dazwischen schweinchenrosa. Nach den Wirtschaftswunderjahren legte man Wert auf mageres Fleisch, das stämmige Landschwein geriet daher ins Hintertreffen. Heute wird es wieder vermehrt gezüchtet – nur mit Futter aus der Umgebung und mit viel Auslauf.

züchter Josef Dürr im Dorf Igersheim und lässt sich die Lachsforellen aus dem glasklaren Quellwasser des Erlenbachs fischen.

Das Geheimnis der Madonna

Malerische Dörfchen, die Bad Mergentheim wie ein Perlenkranz umgeben: Auch sie sind ein großer Vorzug des Kurorts. In der Seitenkapelle der Kirche von Stuppach – sechs Kilometer entfernt – hängt Matthias Grünewalds weltberühmte Stuppacher Madonna. So rätselhaft wie die mystische Symbolik ist auch die Geschichte dieses Meisterwerks der Spätgotik. Um 1515 wurde es für die Aschaffenburger Stiftskirche gemalt, dort aber schon 15 Jahre später wieder entfernt. 1809 entdeckte man es bei der Auflösung des Deutschen Ordens im Mergentheimer Schloss wieder. Der Stuppacher Dorfpfarrer kaufte das Bild für sein Gotteshaus. Doch erst bei einer Restaurierung 1881 erkannte man in der Madonna, die ihrem Kind einen Granatapfel reicht, das Werk Matthias Grünewalds.

Hauptanziehungspunkt für Kurgäste und Erholungsuchende ist der Mergentheimer Kurpark, der zu den schönsten Deutschlands zählt.

Fachwerkhäuser, winklige Gassen, ein Marktplatz mit historischem Rathaus: Markelsheim ist ein Weindorf wie aus dem Bilderbuch. In der »Weinstube Schurk« hat man den Weinberg sogar in den Gastraum geholt. Ein riesiger Wintergarten wölbt sich über dem Rebendach. Zur Erntezeit wachsen einem buchstäblich die Trauben in den Mund. Versteht sich, dass hier in der Küche der Wein ebenfalls eine Hauptrolle spielt. Küchenchef Volker Imhof schmort seine Schweinebäckchen in einem samtigen Spätburgunder und serviert sie mit Speckbohnen und in Butterschmalz gebratenen Knödelscheiben. So ein Schmaus und ein paar Schoppen Tauberwein passen zwar nicht in einen Diätplan. Aber anderntags kann man dann ja wieder im Bad Mergentheimer Kurpark am Mineralwasser nippen ...

Restaurants & Gaststätten

Typisches aus der Region: Frank Bundschu präsentiert seine Lachsforelle mit feinem Blattspinat.

Hotel Bundschu
Cronbergstraße 15
97980 Bad Mergentheim
Tel. 07931/9330
www.hotel-bundschu.de

■ Hans Jörg Bundschu und seine beiden Söhne Frank und Ralf haben das komfortable Hotel zu einer ersten Adresse für Feinschmecker gemacht.

Zirbelstube im Hotel Victoria
Poststraße 2–4
97980 Bad Mergentheim
Tel. 07931/5930
www.victoria-hotel.de

■ Sterngekrönter Gourmettempel, in dem nur frische regionale Zutaten aufgetischt werden. Im angeschlossenen Restaurant »Vinothek« kann man unter 400 Weinen wählen und den Köchen bei der Arbeit über die Schulter schauen.

Weinlauben-Restaurant Schurk
Hauptstraße 57
97980 Markelsheim
Tel. 07931/2132
www.schurkmarkelsheim.de

■ Der Traum jedes Weinbeißers: eine romantische Weinlaube ganz unter Glas, in der man zu jeder Jahreszeit feiern kann. Bekannt für seine gutbürgerliche fränkisch-schwäbische Küche.

Distelhäuser Brauhaus
Grünsfelder Straße 3
97941 Tauberbischofsheim-Distelhausen
Tel. 09341/8050
www.distelhaeuser.de

■ Eine Brauereigaststätte, wie sie sein soll: gemütlich, gutes Bier zu bodenständigen Gerichten. Auch die beliebten Brauereiführungen enden hier.

Sehenswürdigkeiten

■ *Tauberbischofsheim:* In der Altstadt kann man noch sehr gut die mittelalterliche Befestigungsanlage mit Mauer und Graben erkennen. Das Rathaus mit seiner neugotischen Backsteinfassade bildet einen reizvollen Kontrast zu den prächtigen Fachwerk- und Barockbauten am Marktplatz. Sehenswert sind auch die gotische Sebastianuskapelle und die Lioba-Kirche, die 1735 im Stil des Barock umgebaut wurde. Die südwestliche Ecke des Stadtkerns bildet das Kurmainzische Schloss mit dem Türmersturm, dem Wahrzeichen von Tauberbischofsheim. Es wurde im 13. Jahrhundert auf den Grundmauern einer älteren Wasserburg errichtet. Heute hat hier das Tauberfränkische Landschaftsmuseum seinen Sitz.

■ *Bad Mergentheim:* Jahrhundertelang war Mergentheim Hauptsitz des Deutschen Ordens. Nun wird in der Residenz die Geschichte dieser Rittergemeinschaft gezeigt, die nach den Kreuzzügen auch in Osteuropa eine gewichtige Rolle spielte. Architektonisch besonders bemerkenswert sind die freitragende Spindeltreppe aus der Renaissance-Zeit und die barocke Schlosskirche, an der Balthasar Neumann mitgewirkt hat. Vom Glanz vergangener Zeiten zeugt der Marktplatz mit dem 450 Jahre alten Rathaus und prächtigen Bürgerhäusern. Hinter den frühklassizistischen Zwillingshäusern gelangt man zum Münster St. Johannes und dem Spital zum Heiligen Geist. Im Ortsteil Stuppach kann man eines der berühmtesten Bilder des Mittelalters bewundern: die Stuppacher Madonna des Matthias Grünewald aus dem Jahr 1519.

Allgemeine Informationen

Tourist-Information
Marktplatz 8
97941 Tauberbischofsheim
Tel. 09341/8030
www.tauberbischofsheim.de

Tourist-Information
Marktplatz 3
97980 Bad Mergentheim
Tel. 07931/57131
www.bad-mergentheim.de

LACHSFORELLE MIT BLATTSPINAT UND DINKELNUDELN

HOTEL BUNDSCHU

Für 4 Personen

DINKELNUDELN

2 Eier
2 Eigelb
1 EL Sonnenblumenöl
Salz
250 g Dinkelmehl
50 g Semmelbrösel
100 g Butter

SPINAT

200 g Blattspinat
12 Cocktailtomaten
100 g Shiitake-Pilze
100 g Schalotten
1/2 EL Butterschmalz
200 ml Weißwein
2 cl Pernod
200 g Sahne
Salz · Pfeffer aus der Mühle

FORELLE

1 Lachsforelle (ca. 1 1/2 kg)
Salz · Pfeffer aus der Mühle
Saft von 1 Zitrone
1 EL Mehl
2 EL Butterschmalz

1 Für den Nudelteig Eier, Öl und 2 Prisen Salz verrühren. Das Mehl auf die Arbeitsfläche geben, eine Mulde hineindrücken und die Eiermasse hineingießen. Von innen nach außen langsam zu einem geschmeidigen Teig kneten. In Frischhaltefolie einwickeln und 30 Minuten im Kühlschrank ruhen lassen. Den Teig möglichst dünn ausrollen und zu Nudeln der gewünschten Stärke schneiden. Die Dinkelnudeln in Salzwasser bissfest kochen, abgießen und abtropfen lassen.

2 Den Spinat waschen und grobe Blattrippen entfernen. Die Cocktailtomaten mit kochendem Wasser überbrühen und die Haut abziehen. Die Pilze und die fein gewürfelten Schalotten in einem Topf im Butterschmalz andünsten. Den Weißwein und den Pernod dazugießen und einkochen lassen, die Sahne hinzufügen und ebenfalls etwas einkochen lassen. Mit Salz und Pfeffer abschmecken. Den Spinat und die Cocktailtomaten dazugeben und alles zugedeckt kurz aufkochen lassen.

3 Die Lachsforelle filetieren und portionieren. Die Filets mit Salz, Pfeffer und etwas Zitronensaft würzen. Leicht in Mehl wenden und im Butterschmalz auf beiden Seiten kross braten.

4 Die Semmelbrösel in der Butter goldbraun rösten und über die Dinkelnudeln geben. Den Fisch auf dem Spinat anrichten und mit den Nudeln servieren.

SCHWEINEBÄCKCHEN IN BURGUNDERSAUCE

WEINLAUBEN-RESTAURANT SCHURK

1 Für das Fleisch die Schweinebäckchen mit Salz und Pfeffer würzen und in einem Schmortopf im Olivenöl rundum anbraten. Die Gemüsewürfel dazugeben und anrösten. Fleisch und Gemüse herausnehmen und den Zucker im Bratfett karamellisieren. Mit dem Rotwein ablöschen. Bäckchen und Röstgemüse wieder zurück in den Topf geben und so viel Wasser dazugießen, bis das Fleisch bedeckt ist. Die Gewürze hinzufügen und alles zugedeckt 45 Minuten schmoren. Mit einer Nadel prüfen, ob die Bäckchen gar sind, dann herausnehmen und warm stellen. Die Sauce durch ein Sieb passieren und auf die gewünschte Konsistenz einkochen lassen. Mit Salz und Pfeffer abschmecken.

2 Für die Speckbohnen die Bohnen in kochendem Salzwasser bissfest blanchieren. Die Zwiebel und den Speck in Würfel schneiden und in der Butter anbraten. Die Bohnen darin schwenken.

3 Für die Serviettenknödel die Semmeln in dünne Scheiben schneiden und in der warmen Milch einweichen. Dann mit den Eiern und der gehackten Petersilie vermischen, mit Salz und Muskatnuss würzen. Die Masse in einer feuchten Stoffserviette zu einem 6 cm dicken Strang wickeln und in kochendem Salzwasser bei mittlerer Hitze 40 Minuten ziehen lassen. Den Knödel kalt abschrecken und aus der Serviette wickeln. In fingerdicke Scheiben schneiden und in Butterschmalz goldbraun braten. Die Bäckchen mit der Sauce, den Speckbohnen und den Knödelscheiben servieren.

Für 4 Personen

FLEISCH

8 Schweinebäckchen
Salz · Pfeffer aus der Mühle
3 EL Olivenöl
300 g Röstgemüse (Zwiebel-, Karotten- und Knollenselleriewürfel)
2 EL Zucker
1/4 l Burgunder
2 Lorbeerblätter
1 TL Pfefferkörner

SPECKBOHNEN

500 g grüne Bohnen
Salz · 1 Zwiebel
80 g Räucherspeck
50 g Butter

SERVIETTENKNÖDEL

8–10 altbackene Semmeln
1/4 l Milch
4 Eier
1 Bund Petersilie
Salz · Muskatnuss
1–2 EL Butterschmalz

Cannelloni vom Landschwein mit Perlgraupen

Restaurant Zirbelstube im Hotel Victoria

Für 4 Personen

PERLGRAUPEN

100 g Perlgraupen
30 g Räucherspeckwürfel
1 EL Schalottenwürfel
50 g Butter
60 ml Weißwein
1/4 l Fleischbrühe
100 g Lauch
250 g Sahne
Salz · Pfeffer aus der Mühle

CANNELLONI

1 Schweinshaxe · Salz
je 1 EL Nelken, Pfeffer- und Korianderkörner
2 Lorbeerblätter
1 Sträußchen Koriander
100 g Lauch
100 g Baumpilze
ca. 30 g Butter
Pfeffer aus der Mühle
Nudelteig aus 400 g Mehl und 4 Eiern
Fett für die Form

1 Für die Perlgraupen die Graupen abspülen, 2 Stunden in kaltem Wasser quellen lassen und abgießen. Die Graupen mit den Speck- und Schalottenwürfeln in der Butter andünsten. Den Weißwein und die Fleischbrühe dazugießen und alles 15 Minuten köcheln lassen.

2 Den Lauch in Rauten schneiden, blanchieren und abgießen. Ein Viertel der Sahne steif schlagen. Die restliche Sahne mit dem Lauch zu den Graupen geben und cremig einkochen lassen. Mit Salz und Pfeffer abschmecken und zuletzt die geschlagene Sahne unterheben.

3 Für die Füllung der Cannelloni die Schweinshaxe in leicht gesalzenem Wasser mit den Gewürzen und dem Koriander 2 Stunden kochen. Das Fleisch vom Knochen lösen und in kleine Würfel schneiden. Den Lauch in feine Streifen schneiden, blanchieren und abgießen. Die Pilze in kleine Würfel schneiden und in Butter braten. Die Zutaten für die Füllung vermengen und abschmecken.

4 Den Backofen auf 160 °C vorheizen. Den Nudelteig dünn ausrollen und zu 12 Rechtecken (à ca. 10 x 7 cm) schneiden. Die Teigflecken in kochendes Salzwasser geben, einmal kurz aufkochen lassen, dann sofort abschrecken und auf einem Küchentuch ausbreiten. Jeweils etwas Füllung auf die Nudelblätter setzen und die Nudeln über der Füllung aufrollen. Die Cannelloni in eine gefettete Form setzen, mit etwas Butter bestreichen und abgedeckt im Ofen 10 bis 15 Minuten garen.

WILDSCHWEINBRATEN MIT GRÜNKERN-TRAMBELE

DISTELHÄUSER BRAUHAUS

1 Für die Beize alle Zutaten vermischen und das Wildschweinfleisch 2 Tage darin einlegen. Das Fleisch herausnehmen und die Beize durch ein Sieb gießen, Flüssigkeit und Gemüse jeweils separat beiseite stellen.
2 Für den Braten das Fleisch mit Küchenpapier gut trocken tupfen und mit Salz und Pfeffer würzen. Das Öl in einem Schmortopf erhitzen und das Fleisch darin rundum kräftig anbraten. Beizgemüse, Knoblauch und Zwiebeln kurz mitbraten und die Gewürze hinzufügen. Mit der Beize und dem Rotwein ablöschen. Den Braten zugedeckt 2 Stunden schmoren lassen, dabei nach und nach den Wildfond dazugießen.
3 Für die Grünkern-Trambele das Toastbrot in Würfel schneiden und in der heißen Milch einweichen. Die Zwiebelwürfel in Butter glasig dünsten und mit der gehackten Petersilie zum Brot geben. Beide Mehlsorten mit den Eiern so lange zu einem Teig schlagen, bis dieser Blasen wirft. Das Brot dazugeben, gut unterrühren, mit Salz, Pfeffer und Muskatnuss abschmecken. Aus der Masse mit einem Kaffeelöffel Nocken abstechen und diese in siedendem Salzwasser etwa 8 Minuten gar ziehen lassen. Die Grünkern-Trambele herausheben, abtropfen lassen und in Butter leicht anbraten.
4 Das Fleisch nach dem Schmoren in Alufolie wickeln und 15 Minuten ruhen lassen. Die Sauce durch ein Sieb passieren, abschmecken und mit etwas Butter aufschlagen. Den Braten in Scheiben schneiden, mit der Sauce überziehen und mit den Grünkern-Trambele servieren.

Für 4 Personen

BEIZE
1 l Rotwein
je 150 g Knollensellerie- und Karottenwürfel
200 g Zwiebelwürfel
je 1 TL Pfefferkörner und Wacholderbeeren (angedrückt)
2 Zweige Thymian
1 zerdrückte Knoblauchzehe
2 Nelken · 1 Lorbeerblatt

BRATEN
1 kg Wildschweinhals
Salz · Pfeffer aus der Mühle
2 EL Öl
4 Knoblauchzehen (geschält)
2 Zwiebeln (in Würfel geschnitten)
1 Lorbeerblatt
je 1 TL Wacholderbeeren, Pfeffer- und Pimentkörner
1/4 l Rotwein
1 l Wildfond (oder Fleischbrühe)
ca. 30 g Butter

TRAMBELE
10 Scheiben Toastbrot
200 ml Milch
1 Zwiebel (in Würfel geschnitten)
ca. 30 g Butter
1 Bund Petersilie
je 100 g Weizen- und Grünkernmehl · 5 Eier
Salz · Pfeffer aus der Mühle
Muskatnuss

Durch das schwäbisch-fränkische
WEINLAND

Schloss und Hofgarten von Weikersheim bilden eine prunkvolle Synthese von Renaissance und Barock.

Das mittlere Taubertal ist eine ideale Ferienlandschaft ist. Am besten bleibt man ein paar Tage und steigt vom Auto aufs Fahrrad um. Denn es gibt hier viel zu entdecken: die Winzerdörfer um Lauda-Königshofen, das Renaissance-Schloss von Weikersheim, die »Sonnenuhrenstadt« Röttingen – und natürlich zahlreiche Buschenschenken, Weinkeller und Gasthöfe.

Der Taubertal-Radweg ist längst ein Klassiker für die Freunde des gemächlichen Strampelns. Ohne nennenswerte Steigungen geht es immer dem Fluss entlang: mal durch Auwälder, mal vorbei an Weinbergen, Dinkelfeldern oder blühenden Wiesen. Einen guten Ausgangspunkt bildet das Doppelstädtchen Lauda-Königshofen, das genau genommen aus einem ganzen Dutzend von Dörfern besteht. Gerlachsheim ist das nördlichste davon. Die Brücke über den Grünbach, der hier in die Tauber

mündet, fehlt in keinem Fremdenverkehrsprospekt. Barocke Heiligenfiguren grüßen auf den steinernen Bögen, dahinter steigen die Zwiebeltürme der Kirche des Prämonstratenser-Ordens auf.
An den Fachwerkhäusern von Lauda fällt uns unter den vielen Madonnenstatuen auch ein Narrenpaar im bunten Fransenkleid auf. Tatsächlich tobt hier an den närrischen Tagen ganz besonders heftig die alemannische »Faschenoocht«. Zu feiern versteht man aber auch im Sommer, wenn die Winzer zu ihren Weinfesten laden. Die große Vielfalt an Rebsorten und Lagen lockt dann die »Weinnasen« zu vergnüglichen Erkundungstouren nach Beckstein. Schon vor über 100 Jahren wurde dort die »Tauberfränkische Winzergenossenschaft« gegründet, der viele kleine Nebenerwerbswinzer ihre Trauben liefern. So überlebten hier charakteristische Tropfen, deren Herkunft im Glas deutlich zu schmecken ist.
Für die passende Begleitung zum Wein sorgen engagierte Wirte. Im Restaurant »Die Rose« zu Königshofen zum Beispiel serviert Helmut Moll nach einer altfränkischen Grünkernsuppe eine mit Bärlauchbutter gefüllte Forelle im Speckmantel. Eine bessere Gesellschaft kann unsere »Becksteiner Tauberklinge« kaum haben.

Ländliche Residenz

Weiter geht es die Tauber hinauf zur Residenzstadt Weikersheim. Hier herrschte der Weikersheimer Zweig des altfränkischen Adelsgeschlechts der Hohenlohe. Sie gaben dem ganzen Landstrich zwischen den Flüssen Tauber, Jagst und Kocher ihren Namen. Um 1600 ließ sich Graf Wolfgang II. auf den Fundamenten der alten Weikersheimer Wasserburg ein Renaissance-Schloss errichten. Das Prunkstück ist der Rittersaal mit einer freihängenden Decke, die 69 Jagdszenen zeigt. Umrahmt wird sie von Tier-

RADWEGE

Das Taubertal ist eines der beliebtesten Radwandergebiete. Von der Mündung bei Wertheim bis Rothenburg ob der Tauber schlängelt sich ein Radweg immer am Fluss entlang. Eine sportlichere Route führt über die Hügel, die westlich die Tauber begleiten. Für ganz stramme Waden gibt es den 537 Kilometer langen »Fränkischen Radachter«, der Main- und Taubertal verbindet. Wer unterwegs Muskelkater verspürt, der kann sich von der Taubertal-Bahn zum Ausgangspunkt zurückbringen lassen. Informationen zu den Radwegen unter *www.liebliches-taubertal.de.*

figuren – Bären und Hirschen – in Lebensgröße. Neben der Jagdleidenschaft war Graf Wolfgang wie viele Fürsten seiner Epoche ein begeisterter Alchemist. Das Labor wurde wieder rekonstruiert. Handwerkerrechnungen und Aufzeichnungen Wolfgangs gaben präzise Anhaltspunkte. Gold oder den Stein der Weisen hat auch der Hohenloher nicht gefunden. Dafür gilt er als einer der Stammväter der modernen Chemie. Den Scharlatanen, die anderen Potentaten große Summen aus der Tasche zogen, ist der Graf kaum aufgesessen – dafür war er zu sachkundig. Auch sonst war der Schlossherr eher dem Fortschritt verpflichtet, als dem finsteren Mittelalter verhaftet. Er hob die Leibeigenschaft auf und reformierte das Schulwesen.

Narrenfiguren am alten Badhaus in Lauda-Königshofen. Auch der Fasching hat im Taubertal eine lange Tradition.

Ein Ochse macht Karriere

Am Marktplatz 5 von Weikersheim büffelten um 1600 die Lateinschüler. Heute finden hier Kochkurse statt, die Jürgen Koch, einer der kreativsten Kochkünstler des Taubertals, leitet. Sein Restaurant im »Hotel Laurentius« hat einen legendären Ruf. Der Meister hat sich den Wind um die Nase wehen lassen, ehe er zu seinen fränkischen Wurzeln zurückkehrte: Texas, Mexiko, das »Palace-Hotel« in St. Moritz, um nur einige Stationen zu nennen. Mit umso mehr Liebe widmet er sich nun dem »Bœuf de Hohenlohe«, einem Klassiker der französischen Küche.

Wie kam dieser württembergische Ochse nach Frankreich? Nun, dies ist eine längere Geschichte. Nach dem Dreißigjährigen Krieg kreuzte man das damals verbreitete Rote Landvieh mit Allgäuer Vieh. Heraus kam eine einfarbig hell- bis rotgelbe Rasse, deren Fleisch besonders schmackhaft und zartfaserig war. Im 19. Jahrhundert wurde dieser Leckerbissen so berühmt, dass ganze Ochsenherden nach Paris aufbrachen. Einen letzten Viehtrieb gab es noch 1913, kurz vor Ausbruch des Ersten Weltkriegs. Vor wenigen Jahren stand dieser »Limpurger Schlag« (benannt nach der Grafschaft Limpurg) ähnlich wie das hällische Landschwein vor dem Aussterben. Aber das Qualitätsbewusstsein von Spitzenköchen und Feinschmeckern hat nun auch dieser alten Rasse eine Renaissance beschert. Und mit ihr dem »Bœuf de Hohenlohe«, einem Rinderbraten, der bei niederer Temperatur lange in Rotwein schmort.

Am besten in einem »Tauberschwarz«, denn diese Rebsorte feiert im hohenlohischen Land ebenfalls fröhliche Urständ. Eingeführt hat sie vermutlich der Erbauer der Schlosses, Graf Wolfgang. Doch erst sein Nachfahre Carl Ludwig adelte den leichten, süffigen Tropfen mit dem Namen »Tauberschwarz«. Ganze 400 Stöcke gab es noch, auf einem kleinen Weinberg bei Weikersheim. Sie überlebten den harten Winter 1979, weshalb die Weinwissenschaftler auf sie aufmerksam wurden. Sie züchteten aus den alten Burschen den Klon »We 600«. Inzwischen ist der Tauberschwarz Kult.

Taufpate Carl Ludwig förderte aber nicht nur den Weinbau. Als der junge Regent 1702 seine Erbschaft in Weikersheim antrat, war er voll Tatendrang. Bei seinen Reisen durch Italien und Frankreich hatte er herrliche Gärten kennengelernt. Er beschloss, die Residenz zu einem »hohenlohischen Versailles« zu machen. Wenige Jahre später ergänzte einer der schönsten Barockgärten Deutschlands das Renaissance-Schloss seines Urahns. Damit nicht genug: Auch den Marktplatz der Stadt wandelte er zu einem noblen Entree für seine Residenz um.

Das Forstmuseum im Schlösschen Karlsberg in Weikersheim spannt den Bogen von der höfischen Jagd in der Barockzeit bis zur modernen Forstwirtschaft der Gegenwart. Den dazugehörigen Tierpark gab es schon im 17. Jahrhundert – heute kann man hier Wildschweine und Rotwild beobachten.

GRAFEN ZU HOHENLOHE

Die Grafen zu Hohenlohe beherrschten bis 1806 weite Teile des Gebiets zwischen Jagst, Kocher und Tauber. Ihr Name leitet sich vermutlich von der Burg Hohenloch bei Uffenheim ab. Durch Erbteilungen verzweigte sich das Adelsgeschlecht und fügte jeweils dem Stammnamen den Residenzort hinzu. Als Wappen führen die Hohenloher zwei Leoparden im Schild. »Ex flammis orior«, »aus den Flammen erhebe ich mich«, lautet ihr Wahlspruch. Durch die »Mediatisierung« wurden die meisten hohenlohischen Gebiete 1806 Württemberg unterstellt, lediglich ein kleiner Teil fiel an Bayern.

Versailles in der Provinz

Weikersheim ist ein hierzulande einmaliges architektonisches Ensemble: Zwei Stilepochen, das Renaissanceschloss und der frühbarocke Schlossgarten, stehen sich völlig unverfälscht gegenüber. Das hat historische Gründe. Bald nach der Fertigstellung des Schlosses brach der Dreißigjährige Krieg aus, der jegliche Baulust bremste. Als Graf Carl Ludwig 100 Jahre später daranging, den Schlossgarten anlegen zu lassen, war ein anderes Zeitalter angebrochen. Im Jahr 1756 starb der Graf – und mit ihm erlosch die Weikersheimer Linie der Hohenlohes. Sein Sohn und einziger Erbe hatte sich nämlich bereits zwölf Jahre zuvor bei einem Sturz vom Pferd das Genick gebrochen.

Auf Pump gebaut

Das Schloss wurde nun nicht mehr als Residenz genutzt. Die Nachfolger ließen zwar nichts verkommen, fühlten sich aber auch nicht veranlasst, etwas an- und umzubauen. Sie hatten mit Weikersheim auch einen Haufen Schulden geerbt. Denn Carl Ludwigs Beschluss, das Schloss mit dem Garten zu einem »hohenlohischen Versailles« auszubauen, war nur mit Krediten zu finanzieren gewesen. Er hatte höchstens 16 000 Untertanen, die er nicht nach Belieben auspressen konnte. Der Park des Schlosses wird von einer zweiflügligen Orangerie abgeschlossen. Ihre filigranen Bögen lassen den Blick frei auf die bewaldeten Hügel und Weinberge des Taubertals. Hauptanziehungspunkt in dem Garten ist jedoch die Zwergengalerie auf der Balustrade zum Schlossgraben. Carl Ludwigs Hofpersonal musste für diese Karikaturen Modell stehen: Der »Hofjude« Lämmle blickt zweifelnd in seine Schatulle, der Kammerkassier hebt mahnend den Finger, der Trommler haut auf die Pauke, und der Wachtmeister zieht seinen Säbel.

Der Volksmund dichtete über den Schlossherrn: »Der Herr Graf Carl Ludwig hat das Bauen sehr geliebt und sich in dieser Kunst ausnehmend wohl geübt.«

Vom Schwabenländle in den Freistaat

Man sieht nichts, man spürt nichts, aber nach ein paar Kilometern flussaufwärts sind wir vom Schwabenland im Freistaat Bayern gelandet. Entlang der Tauber trieb die deutsche Kleinstaaterei besonders hübsche Blüten, ehe Napoleon dem ein Ende setzte. Röttingen war bis 1345 hohenlohisch, wurde dann aber an die Würzburger Fürstbischöfe verkauft. Und nach der Säkularisation war man eben, wie alle Franken, plötzlich Untertan des frisch gebackenen bayerischen Königreichs.

Daran liegt es aber nicht, dass in Röttingen die Uhren anders gehen. In der »Sonnenuhrenstadt« trifft man auf rund 30 dieser Zeitmesser. Es sind komplizierte, oftmals skurrile Kunstwerke, die da an Ecken und auf Plätzen stehen. Spaß machen die volkstümlichen Sinnsprüche, die sich seit vielen Jahrhunderten um Sonnenuhren ranken und die hier alle versammelt sind. »Zeit ist der Weg zur Ewigkeit«, mahnt beispielsweise die Schrift an der Friedhofskapelle. »Und scheint die Sonne grad nicht hier, ist sie auf dem Weg zu Dir«, tröstet eine andere.

Der Fama-Brunnen auf dem Weikersheimer Marktplatz verkündet den Ruhm der Hohenlohes.

Der Mergentheimer Sonnenuhrenbauer Kurt Fuchslocher und Röttingens Bürgermeister Günter Rudolf haben diese originelle Idee vor 20 Jahren ausgeheckt. Mittlerweile machen sich nicht nur Schulklassen, sondern auch viele Ausflügler und Touristen auf den Röttinger Sonnenuhrenweg. Sie nehmen die gelassene Gewissheit mit nach Hause, dass Zeit nicht nur etwas ist, dem man hinterherhetzt.

Stadt der Sonnenuhren

»Ein Jegliches hat seine Zeit« – diese Lebensweisheit auf der Sonnenuhr lässt den Wanderer zum Beispiel vor den »Franken Stuben« innehalten. Eine Sonnenterrasse mit Biergarten und Weinlaube und gemütliche Gasträume kündigen an, dass man hier die Zeit auf sehr angenehme Art auch verstreichen lassen kann. Der Wirt Peter Tschischka und sein Sohn Thomas setzen auf bayerisch-fränkische Küche mit Wild- und Fischspezialitäten. Immer wieder steht aber auch Ausgefallenes als Tagesempfehlung auf der Speisekarte: etwa Seeteufelmedaillons auf Ratatouille mit schwarzen Nudeln, die man in einem gutbürgerlichen Speiselokal Röttingens nicht unbedingt vermuten würde. Wer solche Herausforderungen mit Bravour meistert, der kann auch sonst nicht fehlen. Ein Silvaner vom »Röttinger Feuerstein« passt übrigens zu diesem mediterranen Seeteufel ganz ausgezeichnet.

Sonnenuhren, wohin man blickt: Diese steht vor dem barocken Röttinger Rathaus.

Schon im 10. Jahrhundert hat man auf dem Feuerstein – der Name deutet wohl auf Brandrodung hin – Wein angebaut. Auf 180 Hektar brachten es die Röttinger Weinberge in ihren besten Zeiten. Das Bier und die Reblaus machten dann im 19. Jahrhundert vielen Stöcken den Garaus. Der Tauberwein führte nur noch ein Schattendasein. Heute ist die Ertragsfläche des Feuersteins wieder auf 30 Hektar angewachsen. Das ist immer noch klein genug, dass sich die sechs Röttinger Winzer mit ganzer Hingabe ihren Weinbergen widmen können. Auf dem Muschelkalkrücken am rechten Tauberufer gedeihen neben frischen Weißweinen auch kräftige und vollmundige Rote der Sorten Domina und Spätburgunder. Udo Engelhardt ist es vor zehn Jahren gelungen, den württembergischen Tauberschwarz nach Röttingen zu holen. Mittlerweile schwärmt nicht nur er regelrecht von diesem fruchtigen Wein, der in guten Jahren auch viel Körper ins Holzfass bringt.

Engelhardts Kollegin Karin Fries verhilft in ihrer »Heckenwirtschaft« dem Tauberschwarz sogar zu kulinarischen Ehren. Ihre »Tauberschwarz-Trüffel« ähneln ein wenig den teuren Knollen, in Wirklichkeit sind es aber Fleischpflanzerl, für die sie die Semmeln in Rotwein einweicht. Schmeckt nur entfernt nach Trüffeln, mundet aber trotzdem sehr gut. Die Alternative dazu sind bei einer zünftigen Winzervesper die »Franken-Zwillinge«, roter und weißer Presssack, oder aber ein »Angmachter« aus einem reifen Camembert mit vielen Zwiebeln und pikanten Gewürzen.

Fröhlicher Weinberg

So gestärkt, sollte man sich dann in den Museumsweinberg am Fuß des Feuersteins aufmachen. Er zeigt, wie die Reben durch Schneiden und Binden zu Stämmen und Lauben erzogen werden. All dies geschieht von Hand, bei über 1000 Stöcken keine Kleinigkeit. Auch auf Mineraldünger und Herbizide wird verzichtet, sodass sich Flora und Fauna hier richtig wohlfühlen können. Eidechsen huschen durch die Ritzen der Trockenmauern und Lesesteinhügel. Weinbergstulpe, Nickender Milchstern und Nieswurz finden zwischen den Reben einen Platz an der Sonne. Es trifft sich gut, dass Röttingen mit der Burg Brattenstein auch ein malerisches altes Gemäuer besitzt. Hier wird an Pfingsten das »Europäische Weinfest« gefeiert. 1953 war Röttingen die erste Europa-Stadt Deutschlands, und das verpflichtet natürlich. Deshalb treten hier – von einem bunten Programm umrahmt – Tauberweine gegen Tropfen aus Italien und Frankreich an. 40 000 Besucher pro Jahr ziehen auch die Röttinger Festspiele im Burghof an. Drei Monate wird Theater gespielt: Im Juni gibt es Räuber Hotzenplotz und Pippi Langstrumpf für Kinder, an den Juli- und Augustabenden dürfen dann die Erwachsenen den Musicals, Operetten und Lustspielen lauschen.
Andächtige Schweigepflicht herrscht hier nicht. Zum Kunstgenuss gibt es den guten Röttinger Wein und frische Brezen. Dafür lässt man doch glatt einmal Salzburg oder Bayreuth sausen.

Grünkern

Als Spezialität steht oft Grünkern auf den Speisekarten des Taubertals. Er wurde aus der Not geboren. In schlechten Erntejahren mussten die unreifen Ähren des Dinkels im Ofen getrocknet werden. Wegen der wertvollen Inhaltsstoffe und des würzigen Geschmacks ist er heute so gefragt wie nie. Dinkel, den man häufig auch »Schwabenkorn« nennt, wurde schon vor etwa 5000 Jahren angebaut. Nach Hildegard von Bingen verleiht sein Genuss »ein aufgelockertes Gemüt und die Gabe des Frohsinns«.

Restaurants & Gaststätten

Spezialität im »Laurentius«: Jürgen Koch mit dem berühmten Bœuf de Hohenlohe.

Wirtshaus Die Rose
Turmbergstraße 9
97922 Lauda-Königshofen
Tel. 09343/1333
www.die-rose.com

■ Speisegaststätte mit schöner Terrasse im Ortsteil Königshofen. Der Chef Helmut Moll kocht gerne Fisch wie etwa Forelle im Speckmantel mit Bärlauchbutter.

Restaurant Laurentius
Marktplatz 5
97990 Weikersheim
Tel. 07934/91080
www.hotel-laurentius.de

■ Stimmungsvolles Feinschmecker-Restaurant in einem historischen Gebäude am Marktplatz von Weikersheim. Chef Jürgen Koch kreiert Themen-Menüs, die zur Jahreszeit passen.

Franken Stuben
Rothenburger Straße 33
97285 Röttingen
Tel. 09338/473
www.franken-stuben-tschischka.de

■ Außen eher schlicht, innen aber mit gemütlichen Gasträumen. Bei schönem Wetter sitzt man auf einer schönen Terrasse. Ambitionierte Küche mit typischen fränkischen Schmankerln, Wildspezialitäten und frischem Fisch.

Gasthof zur Heckenwirtschaft
Herrnstraße 18
97285 Röttingen
Tel. 09338/413
www.winzerfamiliefries.de

■ Familiäre Einkehr neben der Burg Brattenstein in Röttingen. Zu den Weinen der Familie Fries gibt es deftige Gerichte aus eigener Hausschlachtung. Eine Spezialität sind die »Tauberschwarz-Trüffel«, Hackfleischbällchen mit Rotweingeschmack.

SEHENSWÜRDIGKEITEN

■ *Lauda-Königshofen:* Aus dem 16. Jahrhundert stammen das Rathaus von Lauda und das Weinbauernhaus, das heute das Heimatmuseum beherbergt. In dem alten Stadtkern sind viele Häuser mit Marienstatuen geschmückt und dokumentieren eindrucksvoll, dass man sich im »Madonnenländchen« befindet. In Königshofen zeugen mittelalterliche Fachwerkbauten wie der »Goten« und das »Hohe Haus« vom Bürgerstolz vergangener Zeiten.

■ *Weikersheim:* Einzigartig in dem prächtigen Renaissance-Schloss ist die original erhaltene Inneneinrichtung. Höhepunkt der Besichtigung: der Rittersaal mit seinen wandfüllenden Jagdbildern. In dem 1995 wiederhergestellten Schlosspark spaziert man an barockem Figurenschmuck und der Zwergengalerie vorbei. Repräsentativ ist auch der alte Marktplatz, der von der spätgotischen Pfarrkirche, dem Rathaus und barocken Amtshäusern flankiert wird. Das Tauberländer Dorfmuseum informiert über die fränkische Dorfkultur.

■ *Röttingen:* Mit seinem barocken Rathaus, der alten Befestigungsanlage, vielen Fachwerkhäusern aus dem 17. und 18. Jahrhundert und der spätromanischen Kilianskirche präsentiert sich der Winzerort wie eine »Bilderbuchstadt«. Eine Besonderheit Röttingens sind die Sonnenuhren – etwa 30 dieser Uhren kann man auf einem Stadtbummel begegnen. Interessante Einblicke für Weinliebhaber bietet der Museumsweinberg am Feuerstein. Im nahen Tauberrettersheim lockt die Tauberbrücke von Balthasar Neumann die Besucher an.

ALLGEMEINE INFORMATIONEN

Tourist-Information
Marktplatz 1
97922 Lauda-Königshofen
Tel. 09343/5010
www.lauda-koenigshofen.de

Kultur- und Verkehrsamt
Marktplatz 7
97990 Weikersheim
Tel. 07934/10245
www.weikersheim.de

Tourist Information
Marktplatz 1
97285 Röttingen
Tel. 09338/972855
www.roettingen.de

Tauberschwarz-Trüffel

Gasthof zur Heckenwirtschaft

Für 4 Personen
6 Schalotten
3 Knoblauchzehen
4 EL Öl
50 g altbackenes Weißbrot
100 ml Tauberschwarz
(fruchtiger, trockener Rotwein)
1 Bund Petersilie
500 g gemischtes Hackfleisch
2 Eier
Salz · Pfeffer aus der Mühle

1 Die Schalotten und Knoblauchzehen schälen und in feine Würfel schneiden, in 1 EL Öl andünsten. Das Weißbrot 15 Minuten im Rotwein einweichen und dann gut ausdrücken. Die Petersilie fein hacken.

2 Die vorbereiteten Zutaten mit dem Hackfleisch und den Eiern in einer Schüssel mischen, die Masse mit Salz und Pfeffer kräftig abschmecken.

3 Aus der Hackmasse mit angefeuchteten Händen walnussgroße Bällchen formen. Das restliche Öl in einer Pfanne erhitzen und die Tauberschwarz-Trüffel darin rundum knusprig braten. Aus der Pfanne nehmen und auf Küchenpapier gut abtropfen lassen. Die Tauberschwarz-Trüffel nach Belieben mit Bratkartoffeln und einem gemischtem Salat servieren.

SEETEUFELMEDAILLONS AUF RATATOUILLE

FRANKEN STUBEN

1 Für den Fisch die Fischfilets in daumendicke Medaillons schneiden, mit Zitronensaft beträufeln und mit Salz und Pfeffer würzen. Leicht abtupfen und in Mehl wenden. Die Medaillons in Butter und Olivenöl auf beiden Seiten goldbraun braten und warm stellen.

2 Für die Ratatouille das Gemüse in etwa 15 mm große Würfel schneiden und im Olivenöl knackig braten. Mit Salz, Pfeffer und den abgezupften Thymianblättchen würzen, den Knoblauch durch die Presse dazudrücken. Zuletzt die gehäuteten Tomaten in Würfel schneiden, hinzufügen und einige Minuten köcheln lassen.

3 Für die Sauce den Fischfond und die Sahne mit Noilly Prat, Zitronensaft, Safran und Thymianzweigen kurz aufkochen und auf ein Drittel einkochen lassen. Den Thymian herausnehmen und die Sauce mit je 1 Prise Chilipulver, Meersalz und Pfeffer abschmecken. Dann die Crème fraîche mit dem Stabmixer unterrühren.

4 Die Ratatouille auf Teller verteilen, die Fischmedaillons daraufsetzen und mit der Sauce überziehen. Dazu nach Belieben bissfest gekochte schwarze Nudeln servieren.

Für 4 Personen

FISCH
800 g Seeteufelfilet
Saft von 1 Zitrone
Salz · Pfeffer aus der Mühle
Mehl zum Wenden
je 1 EL Butter und Olivenöl

RATATOUILLE
je 100 g Zucchini, Auberginen, Paprikaschote, Staudensellerie, Gemüsezwiebel, Petersilienwurzel und Navetten (weiße Rüben)
3 EL Olivenöl
Salz · Pfeffer aus der Mühle
4 Zweige Thymian
3 Knoblauchzehen
100 g Tomaten (gehäutet und entkernt)

SAUCE
300 ml Fischfond
200 g Sahne
2 cl Noilly Prat (franz. Wermut)
2 cl Zitronensaft
einige Safranfäden
4 Zweige Thymian
Chilipulver · Meersalz
Pfeffer aus der Mühle
ca. 150 g Crème fraîche

FORELLE IM SPECKMANTEL MIT BÄRLAUCHBUTTER

WIRTSHAUS DIE ROSE

Pro Person
100 g weiche Butter
Petersilien- und Bärlauchblätter
Salz
weißer Pfeffer aus der Mühle
Zitronensaft
1 Forelle (ca. 300 g)
3 Scheiben Räucherspeck
2 EL Rapsöl
300 g kleine Kartoffeln
30 g Butter zum Braten

1 Für die Bärlauchbutter die Butter mit je 1 EL fein geschnittener Petersilie und Bärlauch (am besten schneidet man die Kräuterblätter mit einem Wiegemesser) verrühren. Mit Salz, Pfeffer und Zitronensaft abschmecken. Die Bärlauchbutter zu einer Rolle formen, in Alufolie wickeln und im Kühlschrank fest werden lassen.

2 Die Forelle innen und außen gründlich säubern und mit Salz würzen. Die Bärlauchbutter in Scheiben schneiden und mit zwei Bärlauchblättern in die Bauchhöhle geben. Den Fisch mit dem Räucherspeck umwickeln und im nicht zu heißen Öl auf beiden Seiten braten.

3 Die Kartoffeln schälen und mit einem Tourniermesser zu Halbmonden schneiden. Die Kartoffeln kurz in kochendem Salzwasser blanchieren. Abgießen und auf Küchenpapier abtropfen lassen. Die Butter in einer Pfanne zerlassen und die Kartoffeln darin schwenken.

4 Die Forelle mit den Kartoffeln anrichten und vor dem Servieren mit dem Bratfond überziehen.

Geschmorte Ochsenschulter in Tauberschwarz mit Bohnenragout

Restaurant Laurentius

1 Für die Ochsenschulter Gemüse, Kräuter und Gewürze mit Balsamico und Rotwein zu einer Beize verrühren. Das Fleisch damit begießen und 4 Tage kühl stellen.

2 Das Fleisch aus der Beize nehmen und trocken tupfen. Die Marinade durch ein Sieb gießen, die Beize und das Gemüse separat aufbewahren. Das Öl in einem Bräter erhitzen und das Fleisch darin rundum kräftig anbraten. Das Beizgemüse dazugeben und mitbraten. Das Fleisch herausnehmen, das Tomatenmark unterrühren, kurz anrösten und mit Mehl bestäuben. Die Rotweinbeize dazugießen und aufkochen lassen. Das Fleisch wieder in den Bräter geben und bei kleiner Hitze 90 Minuten schmoren, dabei eventuell etwas Wasser nachgießen.

3 Das Fleisch aus dem Bräter nehmen und mit Alufolie abdecken. Die Sauce durch ein Sieb gießen und sämig einkochen lassen. Das Beizgemüse mit dem Stabmixer grob zerkleinern und in die Sauce geben. Die Sauce mit Salz, Pfeffer und 1 Spritzer Worcestershiresauce abschmecken.

4 Für das Ragout die Bohnen in Salzwasser garen und in Eiswasser abschrecken. Die Zwiebelwürfel in der Butter andünsten. Mit Mehl bestäuben, die Milch dazugeben und unter Rühren zum Kochen bringen. Mit abgezupftem Bohnenkraut, Salz, Pfeffer und Muskatnuss abschmecken. Die Bohnen hinzufügen und vor dem Servieren die geschlagene Sahne unterheben.

5 Die Ochsenschulter quer zur Faser in Scheiben schneiden und mit der Sauce und dem Bohnenragout servieren.

Für 4 Personen

Ochsenschulter

je 100 g Karotten-, Knollensellerie- und Zwiebelwürfel
2 Tomaten (gehäutet, entkernt und in Würfel geschnitten)
je 1 Sträußchen Thymian und Rosmarin
je 1 TL Pfefferkörner und Wacholderbeeren
je 2 Nelken und Lorbeerblätter (im Mörser zerstoßen)
100 ml Aceto balsamico
1 l Tauberschwarz (oder Spätburgunder)
800 g Ochsenschulter
3 EL Öl
30 g Tomatenmark
60 g Mehl
Salz · Pfeffer aus der Mühle
Worcestershiresauce

Bohnenragout

400 g Prinzess- oder Schnittbohnen · Salz
40 g Zwiebelwürfel
40 g Butter
25 g Mehl
1/4 l Milch
1 Bund Bohnenkraut
Pfeffer aus der Mühle
Muskatnuss
1 EL geschlagene Sahne

Von ROTHENBURG zur FRANKENHÖHE

Romantik pur in Rothenburg ob der Tauber: das »Plönlein«, der meistfotografierte Platz der Stadt, mit dem Siebersturm, der im 14. Jahrhundert errichtet wurde.

Mit zwei Höhepunkten endet unsere Reise durchs Taubertal. Wir bewundern in Creglingen den Marienaltar von Tilman Riemenschneider und steigen dann das Hochufer hinauf zum Inbegriff deutscher Romantik: Rothenburg ob der Tauber. Auf der Frankenhöhe überwindet die Romantische Straße die europäische Wasserscheide. Von nun an streben alle Flüsse der Donau und dem Schwarzen Meer zu.

Creglingen ist Schauplatz eines Wunders der deutschen Kunstgeschichte. Es nahm seinen Anfang im Jahr 1384, als im Herrgottstal südlich der Stadt ein Bauer beim Pflügen eine Hostie freilegte. An dieser Stelle wurde eine Kapelle gebaut, ein neuer Wallfahrtsort entstand. Die frommen Spenden flossen so reichlich, dass man um 1500 bei Tilman Riemenschneider einen Marienaltar in Auftrag gab. 1510 war das Meisterwerk fertig, 20 Jahre

später wurde Creglingen, das zur Markgrafschaft Brandenburg-Ansbach gehörte, protestantisch. Von katholischem Wunderglauben und schwärmerischer Marienverehrung wollte man fortan nichts mehr wissen. Das Gotteshaus benutzte man als Friedhofskapelle, der Riemenschneider-Altar wurde mit Brettern vernagelt, an denen man die Totenkränze aufhängte.
1832 lugte der Kirchenpfleger Michael Dreher hinter den Verschlag. Die Bretter fielen, und Riemenschneiders Arbeit kam wieder zum Vorschein. Die 300 Jahre Dunkelhaft hatten ihr nicht geschadet – im Gegenteil. Der Aufbau des neun Meter hohen und fast vier Meter breiten Altars blieb so völlig erhalten. Man kam nicht in Versuchung, die Figuren farbig zu fassen. Auch die Holzfarben – rötlich der Korpus aus Föhrenholz, hellbraun der Bildschmuck aus Linde – waren vor Licht geschützt. Der untere Teil und die Seitenflügel zeigen Szenen aus dem Leben der Heiligen Familie: die Anbetung durch die drei Könige und den jungen Jesus im Tempel. Tilman Riemenschneider hat sich hier mit einem Selbstbildnis unter die Schriftgelehrten geschmuggelt. Im Zentrum steht die Auffahrt Mariens in den Himmel. Zurück bleiben am leeren Grab die Apostel, halb noch trauernd, halb in staunender Anbetung. Ganz oben warten bereits Vater, Sohn und der Heilige Geist in Gestalt einer Taube mit der Krone auf die Gottesmutter.
Wie raffiniert Riemenschneider gearbeitet hat, zeigt sich alljährlich im August. An Mariae Himmelfahrt am 15. August sollte das Licht des Spätnachmittags durch die Westrosette direkt auf das Antlitz der Madonna fallen. Durch eine Kalenderreform hat sich dieser Zeitpunkt um zehn Tage verschoben. Heute kann man dieses »Lichtwunder« zu Beginn der letzten Augustwoche erleben.

LEBEN IM TURM

Auf den Lindleinturm in Creglingen wurde 1795 ein Fachwerkgeschoss gesetzt und damit eine winzige Wohnung geschaffen. 1927 kaufte Margarete Böttiger den Turm und lebte darin bis 1993. Die unverheiratete und kinderlose Dienstmagd benutzte meist nur eines der beiden Zimmer. In die »gute Stube« ging sie nur, wenn der Pfarrer oder der Bürgermeister zu Besuch kam. Das Creglinger Original vermachte vor ihrem Tod den Turm der Stadt. Die ließ alles so, wie es war, und zeigt es heute als Museum, das von den Nachbarinnen betreut wird.

Historische Rezepte

Wer sich nach dem Kunstgenuss stärken möchte, für den hat sich der Wirt des nahen Gasthauses »Gwerzinsel« ein »Riemenschneider-Menü« einfallen lassen. Anregungen dafür fand er in den berühmten Renaissance-Kochbüchern der Philippine Welser, des Papst-Kochs Bartolomeo Scappi und des Leibkochs am braunschweigischen Hof, Frantz de Rontzier. Dessen »Gut Gericht vom Hirschen«, eine Hirschkeule mit Schwammerln und Knödel, mundet heute noch vorzüglich.

Auch Creglingen hat malerische Fachwerkbauten wie das Romschlössle aus dem 16. Jahrhundert, das sorgfältig restauriert wurde.

Auch bei einem Gebäck, das zwischen Creglingen und Rothenburg auf keiner Kaffeetafel fehlen darf, denkt man unwillkürlich an Tilman Riemenschneider. Das ineinander verschlungene Rankenwerk seiner Altäre mag vielleicht irgendwann eine Hausfrau zu den »Schneeballen« inspiriert haben: Ein dünn ausgerollter Butterteig wird dazu in schmale Streifen geschnitten, aber so, dass die Ränder noch zusammenhalten. Mit Holzstäbchen kringelt man daraus ein lockeres Knäuel, das in Butterschmalz gebacken wird. Weil dies nicht einfach ist, gibt es in den Haushaltsgeschäften von Creglingen und Rothenburg spezielle Schneeballeisen – ein beliebtes Mitbringsel für ambitionierte Hobby-Zuckerbäcker. Der kulinarische Vorteil des Schneeballen liegt auf der Hand: Weil das heiße Schmalz überall hinkommt, ist er durch und durch knusprig. Und zum Schluss wird er kräftig mit Puderzucker eingestaubt.

Die Creglinger beherrschen aber noch andere Finessen. Seit sie beim Romschlössle einen historischen Rosengarten angelegt haben, erobert die Königin der Blumen auch ihre Küchen. Der Wirt des »Schlossbäck« hat ein Rosenmenü kreiert, beim Rosenfest im Juni gibt es Rosenbowle und Rosentorte. Und wer sich in dieser Materie noch nicht so firm fühlt, kann in der Pension von Elfriede Metzger einen Rosenkochkurs besuchen.

Der »Meistertrunk« des Bürgermeisters

»Es führt ein Pfad über Creglingen nach Rothenburg, der nur unter Müh und Last zu begehen ist.« Dieser Satz aus einer alten Urkunde stimmt heute nicht mehr. In nur wenigen Autominuten erreicht man bequem Rothenburg ob der Tauber, dessen Silhouette mit Türmen, Toren und spitzgiebligen Fachwerkhäusern das Deutschlandbild in aller Welt prägt.

Im Dreißigjährigen Krieg musste sich die Reichsstadt den kaiserlichen Truppen Tillys ergeben. Den Feldherrn hatte die heftige Gegenwehr höchst ungnädig gestimmt. Der Bürgermeister und seine Räte sollten über die Klinge springen, die Stadt geplündert werden. Was dann folgte, ist nicht verbürgt, aber doch alt überliefert: Die Ratsherren boten Tilly einen drei Liter Wein fassenden Humpen als Friedenstrunk an. Schon versöhnlicher versprach der Generalissimus, Stadt und Stadtrat zu schonen, wenn einer aus der Runde den ganzen Krug leere. Altbürgermeister Georg Nusch nahm das schwere Los auf sich und war anschließend wohl sturzbetrunken. Rothenburg aber blieb heil und der Stadtrat am Leben, weshalb man diesen »Meistertrunk« an Pfingsten mit einem großen Spektakel feiert.

Lernen im Weinberg

Der Wein war damals freilich leichter als heute. Oft wurde er als »gemischter Satz« angebaut: Rote und weiße Rebsorten standen im selben Weinberg und wurden auch zusammen gekeltert. Heraus kam dann ein frischer Zechwein namens Rotling. Das alles und vieles mehr erfährt man auf dem Lehrpfad von Albert Thürauf, der hier 120 verschiedene Sorten gepflanzt hat. Darunter befindet sich auch der historische Heunisch, der Urvater von 80 Prozent aller bekannten Reben.

Heunisch

Der weiße Heunisch war vom frühen Mittelalter bis weit ins 19. Jahrhundert die vermutlich häufigste Rebsorte. Als widerstandsfähiger Massenträger ermöglichte er den Weinbauern die sichere Ablieferung ihres »Zehents« an die Weinbergbesitzer. Auch sein Säuregehalt war von Vorteil. Er machte den Wein haltbarer, der ohnehin häufig gesüßt oder verdünnt wurde. Durch Kreuzung mit Burgunder und Traminer ist der Heunisch Stammvater von Chardonnay, Riesling und Silvaner. Seine Beinamen »Bettschisser«, »Absenger« und »Bauernweinbeer« deuten allerdings darauf hin, dass er zwar getrunken, aber nicht sehr geschätzt wurde.

Vor den Toren der Stadt bestellt Thürauf die Lage »Rothenburger Eich«, die südlichsten Weinberge Frankens. Die Trauben des Lehrpfads werden zu einem Rotling gekeltert. Ansonsten erntet der Winzer den dunkelfarbigen Regent und den weißen Johanniter – beides relativ junge Züchtungen, die aber auf die Gene robuster, alter Landsorten zurückgreifen. Denn Thürauf ist Traditionalist, gelesen wird grundsätzlich von Hand. Dem Regent holt er mit offener Maischegärung in Holzkufen die Farb- und Gerbstoffe aus den Schalen, ehe er gepresst wird. Und ausgebaut werden seine Weine in großen Holzfässern statt in Stahltanks. Das erzeugt ausdrucksstarke Tropfen, die man in Albert Thüraufs historischer Gaststätte »Glocke« probieren kann.

Der Georgsbrunnen auf dem Rothenburger Marktplatz. Dahinter die Fachwerkfassade des Tanzhauses, in dem die Bürger ihre Feste feierten.

Am Würzburger Tor, wo man einst mit der weißen Fahne vor Tillys Truppen kapitulierte, residiert heute das Vier-Sterne-Hotel und Feinschmecker-Restaurant »Mittermeier«. Patron Christian Mittermeier und sein Küchenchef Oliver Krieger haben sich mittlerweile bundesweit einen ausgezeichneten Ruf verschafft. Verfeinerte fränkische Küche mit einer Prise Italien, so lautet ihre Devise. Und so findet sich schon einmal ein gebratenes Wolfsbarschfilet mit Zucchini-Sugo und Jakobsmuscheln auf der Speisekarte.

Stürmische Geschichte

Mit verarmtem Adel haben Schloss und Städtchen Schillingsfürst nichts zu tun. Um das Jahr 1000 steht »Xillingesfirst« auf einer Urkunde, in der Kaiser Otto III. dem Würzburger Bischof das Jagdrecht bestätigte. »First« war die alte Bezeichnung für einen Berg oder ein Gebäude. Dennoch gibt es Fürsten auf der Frankenhöhe. Seit über 700 Jahren residieren im Schloss die Hohenlohes. Und wenn ihr Wahlspruch »Aus den Flammen steige ich empor« passt, dann hier. Dreimal wurde ihr Ansitz zerstört und niedergebrannt. Anno 1316 sorgte Kaiser Ludwig der Bayer persönlich dafür, 1525 stürmten wütende Bauern die Burg, und im Dreißigjährigen Krieg hinterließ ein kaiserliches Kroaten-Regiment nur noch Trümmer. Größer und schöner erstand die Residenz jeweils wieder. Heute ist das Schloss ein eleganter Bau im spanischen Barockstil, geplant vom Darmstädter Hofbaumeister Louis Rémy de la Fosse mit Stuckarbeiten der berühmten Brüder Francesco und Gabriel de Gabrieli. Auch die Wasserversorgung war für ihre Zeit hochmodern. Ein Ochse stapfte auf einer schrägen Drehscheibe stoisch bergauf und pumpte so das Wasser in einen Hochbehälter – immerhin 40 Liter pro Minute. Von dort floss es durch unterirdische Holzröhren, sogenannte Deicheln, ins Schloss. Heute ist diese noch völlig intakte Wassertretmühle eines der bedeutendsten technischen Kulturdenkmäler Deutschlands.

Für den Wasserturm musste man einen Hügel finden, der höher als der Schillingsfürster Schlossberg war. Die Wasserleitung zum Schloss ist deshalb 1,5 Kilometer lang. Konstruiert wurde die Anlage von dem Nürnberger Brunnenmeister Martin Löhner.

Der Fürst braucht Untertanen

Woran es fehlte in diesen Zeiten, das waren Untertanen. Fürst Karl Albrecht I. lockte 1757 mit dem Versprechen von kostenlosem Bauland und Steuerfreiheit Handwerker an. Doch daraus wurde nicht viel; es fehlte an Absatzmöglichkeiten. In einem zweiten Anlauf fragte der Fürst nicht viel nach Beruf, Herkunft und Leumund. Nur nominell katholisch mussten die Neubürger sein, denn mit dem Landesherrn hatte Schillingsfürst nach dem Dreißgjährigen Krieg wieder einmal die Religion gewechselt. Es kam ein buntes Völkchen: Heimatvertriebene des Siebenjährigen Krieges von Österreich und Preußen aus Schlesien, Obdachlose und fahrendes

Reichskanzler Chlodwig

Der bedeutendste Schlossherr in Schillingsfürst war Chlodwig Fürst zu Hohenlohe. Unter König Ludwig II. wurde er bayerischer Ministerpräsident. Im Alter von 75 Jahren ernannte ihn Kaiser Wilhelm II. nach Bismarck und Caprivi 1894 zum Reichskanzler. Die sozialdemokratische Zeitung »Vorwärts« ergriff die Gelegenheit, um dem Fürsten die »Opfer der Armut« vor seiner fränkischen Haustür unter die Nase zu reiben. Noch zu Lebzeiten baute sich Chlodwig in Schillingsfürst ein Mausoleum. Dort wurde er im Jahr 1901 beigesetzt.

Jenisch – heute wiederentdeckt

Jenisch bedeutet so viel wie »die Sprache der klugen Leute«. In ihr mischen sich jiddisch-hebräische, lateinische und französische Ausdrücke mit Einsprengseln aus der indoarischen Zigeunersprache. Es gibt allerdings auch alt- und mittelhochdeutsche Wörter, der Bau der Sätze folgt der deutschen Grammatik. Man schätzt, dass hierzulande rund 200 000 Jenische leben, weitere 150 000 sollen es in Österreich, Ungarn und der Schweiz sein. Die Zahlen sind jedoch zweifelhaft, da die meisten Jenischen heute nicht mehr Wanderberufen als Korbflechter, Gaukler oder Scherenschleifer nachgehen, sondern längst sesshaft geworden sind.

Ebenso unklar ist die Herkunft der Jenischen. Sie werden manchmal noch als »weiße Zigeuner« bezeichnet, haben mit den Sinti und Roma aber nichts gemeinsam. Viele Jenische halten sich für Nachfahren der Kelten. Eine andere Theorie führt das Jenische auf jüdische Wanderhändler (Chochemer) zurück. Eine dritte These vermutet, dass die Jenischen aus einem Gemisch von Deserteuren und Heimatlosen im Dreißigjährigen Krieg entstanden sind. Handelsnomaden gab es aber bereits im Mittelalter, wie Stiche von Dürer und Schongauer zeigen.

Jenische Sprichwörter spiegeln die unsichere Art ihrer Existenz in fast fernöstlicher Lebensweisheit wider: »Es gibt keinen Weg, nur gehen« oder »Wenn ich es gefunden habe, weiß ich, was ich suche.«

Die berühmtesten Jenischen waren legendäre Komiker: die Marx-Brothers. Harpo und Groucho erinnern sich in ihren Autobiografien des Großvaters, der als Schirmflicker und Bauchredner durch die Gegend zog. Auch der Hollywoodstar Yul Brynner stammte zur Hälfte von Jenischen aus der Schweiz ab.

Kleiner jenischer Sprachkurs

Böllerle	Erbsen
Butterei	Essen
Duftschaller	Lehrer
Funkfetzer	Schmied
Gleistrampel	Kuh
Gleistrampel-marodepink	Tierarzt
Kaffer	Bauer
Kittchen	Gefängnis
Kniefiesel	Geizhals
Lechum	Brot
Lechumschupfer	Bäcker
Meschli	Mädchen
Östreicheri	Sonne
Plamp	Bier
Rußpink	Schornsteinfeger
Schecheri	Gasthaus
Schmetzer	Kuss
Sudelmalochner	Färber
Trappert	Pferd
Windschuri	Türe
Zinkpinkert	Gabel
Zwickel	Geldstück

Volk, darunter auch Juden, die in den engen Gettos der Städte keinen Platz fanden. Die Siedler brachten ihre »Geheimsprache« mit, das der Gaunersprache »Rotwelsch« verwandte Jenische.

Vorliebe für Igelbraten

In Schillingsfürst – oder Frankenheim, wie das zum Schloss gehörige Dorf damals noch hieß – blieben die Zugereisten, was sie waren: arm, auf Gelegenheitsarbeit, Hausieren und Betteln angewiesen. Die »Frankamer Betteleut« genossen nicht den besten Ruf in der Gegend. Dennoch wurden sie geduldet, und gerade beim Essen und Trinken sickerten jenische Ausdrücke in den Sprachgebrauch ein. »Schlenk« hießen zum Beispiel Würste, »Grounickel-Bossert« der Schweinebraten, »Grounert« und »Lechum« das Kraut und Brot dazu. Weil man sich einen »Lachapatscher« (Ente) oder auch ein »Sturi« (Huhn) nicht leisten konnte, kam höchstens ab und an ein »Flatterling« (Täubchen) auf den Tisch.

Im eleganten Stil des spanischen Barocks wurde Schloss Schillingsfürst wieder aufgebaut.

Berühmt-berüchtigt waren die Jenischen wegen ihrer Vorliebe für Igelbraten. Die jagte den Einheimischen einen derartigen Schauer über den Rücken, dass heute noch bei der Kirchweih ein »Stupfel«, der Igel, ausgetanzt wird. Sonst ist nach dem Zweiten Weltkrieg vom Jenischen nicht mehr viel übrig gebieben. Erst in jüngster Zeit versucht man, es wieder zu beleben, ist stolz auf die Sprache und die Leute, die sie ins Land gebracht haben. Im alteingesessenen Hotel-Gasthof »Post« in Schillingsfürst steht zum Beispiel ein »Flatterling nach der Graviser Hepfi« auf der Speisekarte. Die Taube wird nach Großmutters Art gefüllt und gebraten und mit einer Zwetschgensauce serviert. Und dem »Stupfler«, dem Igeljäger, hat man in Schillingsfürst auf dem Marktplatz sogar ein Denkmal gesetzt.

RESTAURANTS & GASTSTÄTTEN

Im Hotel Post in Schillingsfürst wird noch »jenisch« gekocht.

Flair-Hotel Die Post
Rothenburger Straße 1
91583 Schillingsfürst
Tel. 09868/9500
www.flairhotel-diepost.de

■ Historischer Gasthof mit herrlichem Blick auf das Schloss und das Quellgebiet der Tauber. Die Familie Leiblein kümmert sich schon in der fünften Generation um das Wohl ihrer Gäste.

Restaurant Gwerzinsel
Romantische Straße 12
97993 Creglingen
Tel. 07933/1416
www.gwerzinsel.de

■ Rustikales Blockhaus-Restaurant aus finnischer Polarkiefer mit Terrasse und Biergarten. Gekocht wird tauberfränkisch mit ökologisch erzeugten Produkten aus der Region.

Restaurant Zum Schloßbäck
Kirchenstaffel 1
97993 Creglingen
Tel. 07933/410

■ Stimmungsvolles Restaurant im historischen Stadtkern. Kreative Küche und zum Kaffee auf der Terrasse eine große Kuchenauswahl.

Gasthof-Weingut Glocke
Plönlein 1, 91541 Rothenburg
Tel. 09861/958990
www.glocke-rothenburg.de

■ Der Winzergasthof mit Hotel ist seit 1898 im Besitz der Familie Thürauf und eine Institution in Rothenburg. Gekocht wird feinbürgerlich mit Fisch- und Wildspezialitäten.

Hotel Mittermeier
Vorm Würzburger Tor 9
91541 Rothenburg
Tel. 09861/94540
www.mittermeier.rothenburg.de

■ Vier-Sterne-Hotel direkt am Eingang zur Altstadt. Das Restaurant bietet Feinschmecker-Menüs und eine große Auswahl an erlesenen Weinen.

SEHENSWÜRDIGKEITEN

■ *Creglingen:* Das Bild des historischen Ortskerns prägt das Romschlössle, in dessen Garten heute viele verschiedene Rosensorten wachsen. Der Lindleinturm gehörte zur mittelalterlichen Befestigungsanlage. Die Hauptattraktion liegt südlich der Stadt: die Herrgottskirche mit dem berühmten Marienaltar von Tilman Riemenschneider. Einzigartig in der Welt ist das benachbarte Fingerhutmuseum. Einen Besuch lohnen auch das Jüdische Museum und der Jüdische Friedhof.

■ *Rothenburg:* Die »gute Stube« der Stadt ist der Marktplatz, dessen Südseite das Renaissance-Rathaus beherrscht. An das gotische Rathaus erinnert noch der Westbau mit dem Glockenturm (herrlicher Ausblick). An der Westseite des Platzes steht die Ratsherrentrinkstube mit Stadt- und Sonnenuhr. Ein einmaliges Ensemble bilden der St.-Georgs-Brunnen und das ehemalige Tanzhaus aus dem 13. Jahrhundert. Schätze in der gotischen Jakobskirche sind der Riemenschneider-Altar und die Bildtafeln von Friedrich Herlin. Ziele für Museumsbesucher: das Kriminalmuseum und das Reichsstadtmuseum im ehemaligen Dominikanerinnenkloster mit der ältesten erhaltenen Küche Deutschlands.

■ *Schillingsfürst:* Das Barockschloss beherbergt heute ein Museum, das die Geschichte des 18. und 19. Jahrhunderts zu neuem Leben erweckt. Attraktionen sind außerdem der Jagdfalkenhof mit fast allen europäischen Greifvogelarten (Flugvorführungen) und das Brunnenhausmuseum mit historischer Ochsentretanlage.

ALLGEMEINE INFORMATIONEN

Touristinformation Creglingen
An der Romantischen Straße 14
97993 Creglingen
Tel. 07933/631
www.creglingen.de

Rothenburg Tourismus Service
Marktplatz
91541 Rothenburg ob d. T.
Tel. 09861/404800
www.rothenburg.de

Touristikgemeinschaft Frankenhöhe
Rothenburger Straße 2
91583 Schillingsfürst
Tel. 09868/222
www.schillingsfuerst.de und
www.frankenhoehe.de

WOLFSBARSCH MIT JAKOBSMUSCHELN UND ZUCCHINI-SUGO

HOTEL MITTERMEIER

Für 4 Personen

FISCH

4 Wolfsbarschfilets (à 130 g)
Salz · Pfeffer aus der Mühle
2 EL Olivenöl
16 Jakobsmuscheln (ausgelöst)
2 Sträußchen Thymian

SUGO

je 8 grüne und
schwarze Oliven (entsteint)
10 Cocktailtomaten
1 Zucchino
2 EL Olivenöl
Salz · Pfeffer aus der Mühle
25 g Kapern
1 TL Knoblauchöl
1 TL Olivenpesto

KARTOFFELSTÄBCHEN

8–10 mittelgroße
festkochende Kartoffeln
1 l Erdnussöl
Salz

1 Für den Fisch die Filets mit Salz und Pfeffer würzen und im Olivenöl bei mittlerer Hitze zunächst auf der Hautseite braten. Die Jakobsmuscheln würzen, dazugeben und mit anbraten. Fisch und Muscheln nach 7 Minuten wenden, den Thymian hinzufügen und alles weitere 3 Minuten braten. Danach warm stellen.

2 Für den Sugo die Oliven in Stifte schneiden und die Cocktailtomaten vierteln. Den Zucchino in 1 cm große Würfel schneiden, im Olivenöl scharf anbraten, mit Salz und Pfeffer würzen. Die Oliven dazugeben und kurz mitschwenken. Kapern, Knoblauchöl und Tomatenviertel unterheben und kurz köcheln lassen. Den Sugo mit dem Pesto abschmecken, eventuell nachwürzen und warm stellen.

3 Für die Kartoffelstäbchen die Kartoffeln schälen, in 1 cm dicke Stäbchen schneiden und kurz in kochendem Wasser blanchieren. Auf Küchenpapier gut abtropfen lassen und im 150 °C heißen Erdnussöl 10 Minuten goldbraun frittieren. Auf Küchenpapier abtropfen lassen und mit Salz würzen.

4 Den Fisch und die Muscheln auf Teller verteilen, den Zucchini-Sugo und die Kartoffelstäbchen daneben anrichten.

Flatterling nach der Graviser Hepfi
(Gefülltes Täubchen auf Grossmutters Art)

Hotel Die Post

1 Für die Füllung die Innereien durch den Fleischwolf drehen. Die Semmeln klein schneiden und in der warmen Brühe einweichen. Die Zwiebelwürfel in etwas Butter glasig dünsten. Alle Zutaten mit der Petersilie und den Eiern vermengen und mit Salz und Pfeffer würzen.

2 Für das Fleisch den Backofen auf 180 °C vorheizen. Die Semmelmasse am besten mit einem Spritzbeutel in die Tauben füllen und die Öffnungen mit Holzspießchen verschließen. Die Tauben mit Salz und Pfeffer einreiben und in der Butter rundum kräftig anbraten. Herausnehmen und das Wurzelgemüse mit dem Thymian und dem Knoblauch im Bratfett anrösten. Die Tauben daraufsetzen, die Hälfte der Geflügelbrühe angießen. Die Tauben im Ofen 40 Minuten braten, nach der Hälfte der Garzeit wenden und mit der restlichen Brühe übergießen.

3 Inzwischen für das Püree die Kartoffeln durch die Kartoffelpresse in die kochende Milch drücken. Die Butter unterrühren, mit Salz und Muskatnuss abschmecken und warm stellen. Für das Gemüse die Karotten- und Bohnenstifte im Oilvenöl anbraten und bei kleiner Hitze gar ziehen lassen.

4 Die Tauben aus dem Ofen nehmen und warm stellen, die Sauce durch ein Sieb gießen. Die halbierten Täubchen mit dem Gemüse und dem Püree anrichten. Mit den Zwetschgen garnieren und zuletzt mit dem erwärmten Zwetschgenwasser flambieren.

Für 4 Personen

Füllung

300 g Geflügelinnereien
(Leber, Magen, Herz)
2 altbackene Semmeln
1/4 l Fleischbrühe
1 EL Zwiebelwürfel
10 g Butter
1 EL gehackte Petersilie
2 Eier
Salz · Pfeffer aus der Mühle

Fleisch und Sauce

4 junge Tauben
(küchenfertig, à 350 g)
Salz · Pfeffer aus der Mühle
40 g Butter
je 200 g Zwiebeln, Karotten,
Knollensellerie und Lauch
(in Würfel geschnitten)
1 Sträußchen Thymian
2 Knoblauchzehen (geschält)
1 l Geflügel- oder Gemüsebrühe
1 Glas süßsauer eingemachte
Zwetschgen (entsteint)
100 ml Zwetschgenwasser

Püree und Gemüse

1 kg mehlig kochende
Kartoffeln (geschält und gegart)
1/4 l Milch · 30 g Butter
Salz · Muskatnuss
je 200 g Karotten und
Prinzessbohnen
(in Stifte geschnitten)
3 EL Olivenöl

POULARDENBRUST IN ROSENGEIST-SAUCE

RESTAURANT ZUM SCHLOSSBÄCK

Für 4 Personen
4 Poulardenbrustfilets (à 150–200 g)
Salz · Pfeffer aus der Mühle
3–4 EL Olivenöl
250 g Spaghetti
je 2 Karotten, Zucchini und Kohlrabi
200 ml Gemüsefond
50 g Butter
1 Knoblauchzehe
1–2 Schalotten
1 EL grober Champagnersenf
200 ml Riesling
200 g Sahne
2 cl Rosengeist
1 Tasse unbehandelte Rosenblütenblätter

1 Die Poulardenbrustfilets leicht mit Salz und Pfeffer würzen und im Olivenöl 6 bis 8 Minuten rundum goldbraun braten.

2 Die Spaghetti in reichlich Salzwasser bissfest kochen. Karotten, Zucchini und Kohlrabi waschen bzw. schälen und mit einem Kugelausstecher Perlen ausstechen. Karotten und Kohlrabi zunächst in Salzwasser 2 Minuten blanchieren, dann mit den Zucchiniperlen im Gemüsefond mit der Butter und dem geschälten Knoblauch erhitzen. Mit Salz und Pfeffer würzen.

3 Für die Sauce die Schalotten schälen, in feine Würfel schneiden und in wenig Olivenöl andünsten. Den Senf dazugeben, mit dem Riesling ablöschen und die Sahne hinzufügen. Leicht einkochen lassen, vom Herd nehmen und mit dem Rosengeist aromatisieren.

4 Die Poulardenfilets in Scheiben schneiden. Die Spaghetti auf Teller verteilen und die Fleischscheiben darauf anrichten. Die Sauce über das Fleisch gießen und mit den Gemüseperlen umkränzen. Vor dem Servieren mit Rosenblütenblättern garnieren.

HIRSCHBRATEN MIT SCHWAMMERLN

RESTAURANT GWERZINSEL

1 Aus dem Rotwein, dem Wurzelgemüse, den Gewürzen und 1 EL Zucker eine Marinade zubereiten und die Hirschkeule darin 3 Tage einlegen.

2 Den Backofen auf 160 °C vorheizen. Die Keule aus der Marinade nehmen und trocken tupfen, mit Salz, Pfeffer und zerstoßenen Wacholderbeeren einreiben. In einem Schmortopf 1 EL Zucker leicht karamellisieren. Das Öl dazugeben und das Fleisch darin auf allen Seiten anbraten. Die Marinade samt Gemüse und Gewürzen angießen und das Fleisch zugedeckt im Ofen zunächst 75 Minuten bei 160 °C und dann 75 Minuten bei 120 °C schmoren.

3 Das Fleisch aus dem Ofen nehmen und 10 Minuten ruhen lassen. Die Sauce durch ein Sieb passieren und mit dem Wildfond und dem Weinbrand einkochen lassen. Mit Salz und Pfeffer abschmecken.

4 Die Champignons je nach Größe halbieren oder vierteln. In der Butter bei mittlerer Hitze etwa 1 Minute braten, mit der Petersilie bestreuen und 1 Minute weiterbraten. Die Pilze zuletzt mit Salz würzen.

5 Die Hirschkeule in Scheiben schneiden, mit der Sauce überziehen und mit den gebratenen Schwammerln servieren. Dazu passen Semmelknödel und eine Preiselbeerbirne.

Für 4 Personen
1 l Rotwein
je 50 g Zwiebel, Knollensellerie, Karotten und Lauch (in Würfel bzw. in Scheiben geschnitten)
1 EL Pfefferkörner
1 TL Nelken
3 Lorbeerblätter
Zucker
1 kg Hirschkeule (ohne Knochen)
Salz · Pfeffer aus der Mühle
1 EL Wacholderbeeren
2 EL Öl
1 Glas Wildfond
4 cl Weinbrand
300 g Champignons
50 g Butter
1 Bund Petersilie (gehackt)

Von FEUCHTWANGEN *nach* DINKELSBÜHL

Ein Städtchen wie gemalt: Schon Carl Spitzweg diente Dinkelsbühl als Kulisse für seine romantischen Bilder.

Freie Reichsstädte waren früher beide, Feuchtwangen wie Dinkelsbühl. Doch während es für Feuchtwangen schon im 14. Jahrhundert mit der Reichsstadt-Herrlichkeit vorbei war, rückte in Dinkelsbühl erst 1802 eine 169 Mann starke bayerische Truppe ein. So erhielten die Nachbargemeinden ihr eigenes Gepräge: Feuchtwangen die markgräfliche Amtsstadt, Dinkelsbühl das mittelalterliche Städtchen, das in der Touristengunst Rothenburg Konkurrenz macht.

Der Sage nach war es Karl der Große, dem Feuchtwangen seine Existenz und seinen Namen verdankt. Am Taubenbrünnlein ist die Geschichte zu lesen: Beim Jagen verirrte sich der Kaiser in dieser damals wüsten Gegend und wurde von heftigem Durst geplagt. Da sah er eine Taube auffliegen und entdeckte eine Quelle. Frisch gestärkt, fand er bald sein Gefolge wieder. Aus Dankbarkeit baute er eine Kirche und gründete ein Kloster, die Keimzelle der heutigen Stadt. Tatsächlich sind es zwei Siedlungskerne, aus denen Feuchtwangen zusammenwuchs: das Kloster und ein fränkischer Königshof. Um 1200 war das aufstrebende Gemeinwesen dann schon Reichsstadt, in heftiger Konkurrenz zum benachbarten Dinkelsbühl. Doch Staatsführer waren schon damals schlecht bei Kasse: 1376 verpfändete Kaiser Karl IV. seine Stadt an die Burggrafen von Nürnberg, die späteren Markgrafen von Brandenburg-Ansbach. Die Dinkelsbühler hatten da mehr Glück. Vom letzten Staufer Konradin an die Oettinger verschachert, konnten sie sich 1351 mit 7 200 Pfund Heller loskaufen.

Die Beziehung zwischen den beiden Nachbarn blieb heikel. Im »Städtekrieg« zwischen Fürsten und Reichsstädten standen sie nun jeweils auf der anderen Seite. 1388 brannten die Dinkelsbühler Feuchtwan gen völlig nieder. Damit das nicht wieder geschah, wurde 30 Jahre an einer Stadtmauer mit drei Toren und 14 Türmen gebaut. Die Form der Altstadt zeichnet diese Befestigung noch gut nach. Erhalten geblieben ist aber nur das Obere Tor. Dafür besitzt Feuchtwangen einen der schönsten Plätze. Der Kunsthistoriker Georg Dehio hat ihn den »Festsaal Frankens« genannt. Wer so einen Saal besitzt, ist geradezu zum Feiern verpflichtet. Beim Altstadtfest im Juni stellen dies die Bürger ausgiebig unter Beweis. Der lang gestreckte Platz steht dann voll mit Buden und Tischen, an denen fröhliche Menschen feiern.

Auch für Reichsstädte, die unmittelbar dem Kaiser unterstanden, war die Freiheit nicht grenzenlos. Wenn der hohe Herr in Geldnot geriet, verpfändete er seine Städte an die lokalen Fürsten. Die Bürger mussten erhebliche Geldsummen aufbringen, um sich wieder freizukaufen. Während dies den Dinkelsbühlern gelang, blieben die Feuchtwanger unter der Fuchtel der Nürnberger Burggrafen bzw. der Markgrafen von Brandenburg-Ansbach.

Das Urkorn wird wiederentdeckt

Überhaupt muss in Feuchtwangen niemand mehr – wie ehedem Kaiser Karl – hungern und dürsten. Im »Gasthaus Sindel-Buckel« in der Spitalstraße kommt auf den Tisch, was rund um die Stadt wächst und gedeiht. Das kann auch einmal etwas Vegetarisches sein, wie ein Emmer-Pfannkuchen mit feiner Gemüsefüllung. Emmer ist eine steinzeitliche Getreideart, die wenig Ertrag bringt und Kunstdünger nicht mag. Dass er dennoch wieder angebaut wird, verdankt der Emmer seinem nussartigen Geschmack. Man kann Brot und Kuchen damit backen und sogar Bier daraus brauen. Und ein Emmer-Risotto schmeckt einfach köstlich.

Die Familie Binder in Ungetsheim bei Feuchtwangen kommt deshalb ganz gut über die Runden. Sie verkauft ihren Emmer als Nudeln, geschrotet und als ganze Körner. Vom Milchviehbetrieb hat sie längst auf Mutterkuhhaltung umgestellt. Auf 20 Hektar Wiesen grasen die Kühe mit ihren Kälbern bis in den November. Im Winter werden sie mit Heu und Grassilage gefüttert. Das alles bringt mehr Geschmack und damit etwas mehr Geld. Der selbst gebrannte Obstler der Binders ist übrigens auch nicht zu verachten.

»Faust« und »Hamlet« im Kreuzgang

Im romanischen Kreuzgang der ehemaligen Klosterkirche wurde 1949 Goethes »Faust« aufgeführt. Seither sind die Feuchtwanger Kreuzgangspiele im ganzen Land zu einem Begriff geworden. Klassiker wie »Hamlet«, »Der Widerspenstigen Zähmung« oder Lessings »Nathan der Weise« folgten. 1975 gab es mit »Aschenputtel« erstmals ein Kinderstück. Beinahe 100 Aufführungen werden von Mai bis August gespielt. An die 50 000 Besucher pilgern dann in den Klostergarten.

Gleich nebenan liegen die Handwerkerstuben, alte Werkstätten, die man hier original wieder aufgebaut hat. So hängt an der Wand des Webers noch der sinnige Spruch: »Ich schätze meinen Weberstuhl viel höher als die Hohe Schul.« Der Schuster versuchte das trübe Flackern seiner Ölfunsel durch ein »Schusterlicht« zu verstärken. Eine mit Wasser gefüllte Glaskugel reflektierte die Strahlen und warf sie auf den Arbeitsplatz. Beim Bäcker kann man sich am »Brezenbrech« versuchen, der die Hebelkraft zum Kneten zäher Teige nutzte.

Mit einem halben Dutzend anderer Orte von Böhmen bis Südtirol ringt Feuchtwangen um den Ruhm, die Heimat des Minnesängers Walther von der Vogelweide gewesen

Emmer

Der Emmer, der heute rund um Feuchtwangen wieder geerntet wird, zählt zu den ältesten Weizenarten. Schon vor 7000 Jahren wurde er zwischen Euphrat und Tigris angebaut. Ähnlich wie Dinkel ist Emmer fest mit der Spelzhülle verwachsen. Sie schützt das Korn gegen Rostkrankheiten und Mehltau, erfordert jedoch einen »Gerbgang«, um das Getreide zu gewinnen. Bis ins Mittelalter war der eiweißreiche Emmer die Hauptbrotfrucht, heute gewinnt er im alternativen Landbau wieder zunehmend an Bedeutung.

zu sein. Die Sache wird wohl nie entschieden, doch die Stadt ist auf jeden Fall ein Hort der deutschen Sangeslust. Das Sängermuseum präsentiert die Geschichte all dieser Liedertafeln und Singgemeinschaften, die Anfang des 19. Jahrhunderts gegründet wurden. Es birgt Autographen von Goethe und Schiller, von Schubert, Schumann, Bruckner und Brahms. Und weil Stimmbänder ja befeuchtet werden müssen, findet man hier auch eine Reihe altdeutscher Trinkgefäße.
Es kommt öfter vor, dass in der »Walkmühle« ein fröhliches Liedchen angestimmt wird. Der Landgasthof liegt an der Sulzach vor den Toren der Stadt – umgeben von uralten Bäumen. Es ist das Ausflugslokal der Feuchtwanger, vor allem im Sommer, wenn der schattige Biergarten lockt. Der Wirt serviert dann zum kühlen Hellen selbst gebeizte Matjes von jungen Karpfen, die ihm der Fischer Sindel aus dem ehemaligen Klosterweiher holt.

Als »Festsaal Frankens« wird der Feuchtwanger Marktplatz gerühmt. An der Südseite schmückt ihn der 1727 errichtete Wappenbrunnen.

Kinder retten die Stadt

»Schallet heute Jubellieder«, heißt es im Juli auch in Dinkelsbühl, wenn dort das historische Festspiel aufgeführt wird. Was den Rothenburgern ihr »Meistertrunk«, ist den Dinkelsbühlern die »Kinderzeche«: eine Episode aus dem Dreißigjährigen Krieg, die im romantisch gestimmten 19. Jahrhundert zum Volksschauspiel aufbereitet wurde. Historischer Kern ist, dass im Frühjahr 1632 die schwedischen Truppen mit ihrem Obristen Klaus Dietrich von Sperreuth vor der Stadt standen und drohten, sie an allen vier Ecken anzuzünden. Die kaiserlichen Truppen hatten sich schon Monate zuvor empfohlen, nicht ohne die Dinkelsbühler zur Treue zu Kaiser und Reich zu mahnen. Bürgermeister und Stadtrat – allesamt katholisch – hielten sich auch daran. Die protestantischen Bürger wollten den Schweden lieber die Tore öffnen. So lavierte man hin und her. Am 3. Mai gelang es den Dinkelsbühlern gar, den Schweden durch einen beherzten Ausfall eine gestohlene Schafherde wieder abzunehmen. Am 11. Mai aber war Schluss mit lustig. Mit drei Kompanien besetzte Sperreuth die Stadt. Die Bürger mussten ihre Waffen abliefern und durften nach acht Uhr abends nicht mehr aus dem Haus. Der Machtwechsel war sehr glimpflich abgelaufen.

An dieser Stelle setzen die Sage und das Festspiel ein. Sie erzählen, dass die Tochter des Turmwächters, die »Kinderlore«, die Retterin Dinkelsbühls war. Mit einer Schar singender Kinder zieht sie den Schweden entgegen und erweicht des Feldherrn Herz. Die Lore hat nämlich erfahren, dass Sperreuths Sohn jüngst gestorben ist.

Die »Kinderlore« und ihr Anhang stehen im Mittelpunkt des Historienspiels, mit dem Dinkelsbühl seine Errettung im Dreißigjährigen Krieg feiert.

So führt sie einen kleinen Buben an der Hand und fällt mit ihm vor dem Obristen auf die Knie. Der lässt sich den Jungen aufs Pferd reichen – das Eis ist gebrochen, die Stadt gerettet. Die Schlussszene mündet in den Choral »Nun danket alle Gott«, in den alle einstimmen. Es ist kein Touristenspektakel, sondern ein Fest, bei dem alle Einwohner begeistert mitmachen. Das Wort »Zeche« deutet darauf hin, dass das Spiel noch eine andere Wurzel hat. Seit dem Mittelalter gab es im Sommer ein Schulfest, bei dem die Kinder Narrenfreiheit hatten und bewirtet wurden. In Dinkelsbühl ist dies immer noch so. Jeder Schüler – ob groß oder klein – bekommt eine »Kinderzech-Gucke«, eine Schultüte, gefüllt mit Süßigkeiten. Auch ein eigenes Hefegebäck es gibt an diesen Tagen: die »Dinkelsbühler Schneckennudeln«.

Selbst als Zuschauer fühlt man sich hier auf einer Zeitreise um mehrere hundert Jahre zurückversetzt. An die tausend Dinkelsbühler stecken in Kostümen und treten an allen Ecken und Enden auf. Morgens um sieben paradiert die Knabenkapelle im Dreispitz lautstark durch die Straßen. Auf der Schwedenwiese herrscht malerisches Lagerleben, ehe man sich zum Schauspiel in der Schranne versammelt. Gegen Mittag wird die Stadt dann den Eroberern übergeben, mit glücklichem Ausgang, wie man weiß. So können alle nun im Festzug durch die Stadt marschieren: vorneweg die Schweden mit ihrem Obristen und allerlei Kriegsgerät, hinterher Bürgermeister, Stadtrat und die Dinkelsbühler Bürger. Am Nachmittag klirren dann noch einmal die Waffen, allerdings nur beim Schwertertanz.

Ein Stadtbild wie im Mittelalter

Das spätmittelalterliche Stadtbild schafft eine ideale Kulisse für dieses historische Spiel. Rings umfriedet noch die alte Wehrmauer die stattlichen Bürgerhäuser, bewacht von 16 Türmen und vier Toren. Im Zentrum steht das Münster St. Georg, eine der schönsten gotischen Hallenkirchen in Süddeutschland. Ihre Ausstattung irritiert auf den ersten Blick ein wenig: Im Historismus des 19. Jahrhunderts wurde das Innere »regotisiert«. Doch auf den zweiten Blick erkennt man, dass die neugotischen Altäre nur den Rahmen für wertvolle Kunstwerke aus der Zeit um 1500 bilden. Ein Denkmal an der Südseite der Kirche ist dem Dinkelsbühler Theologen Christoph von Schmid gewidmet, den der Text des berühmten Weihnachtsliedes »Ihr Kinderlein, kommet« unsterblich gemacht hat. In der Nähe des Gotteshauses gruppiert sich am Weinmarkt das wohl schönste Ensemble der Stadt. Den Mittelpunkt bildet mit der alten Schranne die reich geschmückte Fachwerkfassade des »Deutschen Hauses«. In sechs Geschossen staffelt es sich immer höher, um dann in einem spitzwinkligen Giebel mit Wetterfahne zu enden. Sein Bauherr war um 1600 der Wirt und Metsieder Peter Drechsel, und noch heute bezaubert es als Hotel und Restaurant mit seinem Flair die Gäste. Die Küche steht dem in nichts nach. Selbst Gourmetpapst Wolfram Sie-

Blausieder

Die Dinkelsbühler haben den Spitznamen »Blausieder«, den sie folgender Anekdote verdanken: Einst saßen die Stadtoberen über einen Verbrecher zu Gericht. Einer der Ratsherren nickte dabei ein und schlug sich im Traum mit der Entscheidung herum, ob er seinen Karpfen lieber gesotten oder gebraten haben wollte. Als er nach der Strafe für den Delinquenten gefragt wurde, schreckte er auf und rief: »Blausiada!« Beim Festzug der »Kinderzeche« wird auch an diese Geschichte erinnert. Ein Mädchen trägt einen Karpfen durch die Stadt.

Streiter Gottes

Die Einnahme Dinkelsbühls 1632 durch die Schweden hatte eine Änderung der Stadtregierung zur Folge. Der katholische Rat wurde gefangen gesetzt, die Protestanten übernahmen das Ruder. Die Katholiken mussten die St.-Georgs-Kirche räumen und ihre Ideologen – die Kapuziner – die Stadt verlassen.

Vier Monate später verloren die Schweden die Schlacht bei Nördlingen, und die kaiserlichen Truppen kamen wieder zurück nach Dinkelsbühl. Der evangelische Rat wurde ins Gefängnis gesteckt, die Katholiken feierten wieder Messe in St. Georg.

Durch Einquartierungen, Buß- und Schutzgelder hatte Dinkelsbühl nach dem Dreißigjährigen Krieg die sagenhafte Schuldenlast von zwei Millionen Gulden aufgehäuft. Bei der Stadtführung achtete man nun auf strengen Proporz: Es gab vier Bürgermeister und 14 Räte, jeweils zur Hälfte evangelisch und katholisch. Bei Ämtern, die man nur einmal besetzen konnte, musste einer Konfession nach Ablauf der Amtszeit die andere folgen. Es blieb aber noch genug Streitpotenzial, etwa die Regelung der Feiertage und des Schulwesens. Die Parität führte in Einzelfällen zu manch kuriosen Auseinandersetzungen, zum Beispiel ob dem katholischen Mesner bei einer evangelischen Hochzeit ein Trinkgeld zustehe. Eine eigene Kommission musste den Weg der Fronleichnamsprozession festlegen – den von Katholiken gestreuten Blumenteppich hatten protestantische Hausbesitzer wieder weggekehrt.

In der Kommunalpolitik hingegen schlich sich ein, was zu erwarten war: Entscheidungsschwäche und Selbstbedienungsmentalität. Eine Reichskommission rügte etwa, dass sich Rat und Beamte vom eigentlich für Arme gedachten Spital verköstigen ließen. Von Spanferkel, Kapaunen, Gänsen, Schinken und Speck war hier die Rede.

Heute leben in Dinkelsbühl etwa 5000 Protestanten und 4000 Katholiken. Am Tag der »Kinderzeche« feiern sie gemeinsam Gottesdienst.

beck war bei einem zufälligen Besuch begeistert. Dabei hatte er noch nicht einmal das Kalbskarree mit Kartoffel-Paprika-Törtchen gekostet.

Maler entdecken die Idylle

Ende des 19. Jahrhunderts wurde die Idylle an der Wörnitz auch von den Münchner Malern entdeckt. Den Anfang machte Carl Spitzweg, der hier 1855 seine »Ansicht von Dinkelsbühl« pinselte. Fünf Jahre später ließ er diesem Werk seinen berühmten »Institutsspaziergang« folgen. Die Landschaftsmaler Gustav Schönleber und Friedrich Kallmorgen rückten mit ihren Studenten von der Kunstakademie Karlsruhe an. Selbst Expressionisten wie Christian Rohlfs und Karl Schmidt-Rottluff fanden an Dinkelsbühl Gefallen.

In der historischen Kulisse von Dinkelsbühl laden viele Gaststätten und Cafés zur gemütlichen Einkehr.

So verwandelte sich die Stadt alle Jahre, sobald man die Staffelei ins Freie stellen konnte, zu einer lebhaften Künstlerkolonie. Ab 1888 trafen sich Maler aus München und Berlin im »Weißen Ross« hinter dem Rathaus regelmäßig zur Sommerfrische. Wie seinen Augapfel hütet Joachim Neuhäuser das Gästebuch, in das die lustige Runde einst ihre Danksagungen – nebst Zeichnungen – kritzelte. Der musische Wirt führt das Gasthaus jetzt in der dritten Generation und sorgt selbst dafür, dass diese künstlerische Tradition nicht abreißt. Seit 30 Jahren leitet er die Malschule Dinkelsbühl, in der renommierte Künstler Eleven in die Geheimnisse der Perspektive, des Aquarells oder auch des Abstrahierens einführen. In der Küche bevorzugt Neuhäuser allerdings eindeutig die konkrete Kunst. Sein Waller im Eimantel mit Rahmsauerkraut ist eine solide Sache, bei der unser Meister treffsicher die richtigen Akzente setzt. So sitzen in der herrlichen Jugendstil-Gaststube des »Weißen Rosses« wie in der guten alten Zeit immer noch die Künstler bei Speis und Trank, loben und preisen den Wirt und verewigen sich im Gästebuch. Und vergessen darüber hoffentlich das Bezahlen nicht…

RESTAURANTS & GASTSTÄTTEN

Vor den Toren von Feuchtwangen lockt die »Walkmühle« Schlemmer und Genießer an.

Gasthaus Sindel-Buckel
Spitalstraße 28
91555 Feuchtwangen
Tel. 09852/2594
www.sindel-buckel.de

■ Traditionsgasthaus in der Stadtmitte von Feuchtwangen mit Terrasse und schönem Wintergarten. Gekocht wird fränkisch, nach Möglichkeit mit frischen Bio-Produkten von Bauern aus der Umgebung.

Bio-Hof Binder
Ungetsheim 55
91555 Feuchtwangen
Tel. 07950/2339

■ Verkauf von Emmer-Produkten, Fleisch von jungen Weiderindern (Vorbestellung) und Schnaps aus eigenem Obst. Allein der alte Fachwerkhof lohnt einen Besuch.

Landgasthof Walkmühle
Walkmühle 1
91555 Feuchtwangen
Tel. 09852/679990
www.walkmuehle-feuchtwangen.de

■ Idyllisch an der Sulzach liegt dieses Gasthaus in einem denkmalgeschützten Fachwerkbau, dessen hübsche Zimmer sich auch für einen Ferienaufenthalt eignen. Fisch- und Wildspezialitäten, im Sommer lockt der schattige Biergarten.

Hotel Deutsches Haus
Weinmarkt 3
91550 Dinkelsbühl
Tel. 09851/6058
www.deutsches-haus-dkb.de

■ Das Deutsche Haus aus dem Jahr 1600 gehört zu den Hauptsehenswürdigkeiten von Dinkelsbühl. Heute ist es ein stilvolles Hotel, in dessen altdeutschem Restaurant man hervorragend speisen kann.

Flair-Hotel Weißes Ross
Steingasse 12
91550 Dinkelsbühl
Tel. 09851/579890

■ Schon vor über hundert Jahren fühlten sich viele Künstler in den wunderschönen Jugendstil-Gasträumen des »Weißen Rosses« wohl. Gekocht wird frisch und gut.

Sehenswürdigkeiten

■ *Feuchtwangen:* Als »Frankens Festsaal« wird der Marktplatz mit seinen stolzen Bürgerhäusern und dem Wappenbrunnen von 1727 bezeichnet. Seinen nördlichen Abschluss bildet die Stiftskirche, die einen Marienaltar (1483) von Michael Wolgemut, dem Lehrer Albrecht Dürers, besitzt. An die Stiftskirche schließt sich der romanische Kreuzgang des ehemaligen Benediktinerklosters an, der wie geschaffen ist als Kulisse für die alljährlichen Theaterfestspiele. Im Obergeschoss sind historische Handwerkerstuben eingerichtet. In der Johanniskirche, die aus der Taufkapelle des einstigen Königshofs hervorgegangen ist, findet man das Grabmal des Schwanenritters Jörg von Ehenheim. Wie typische Bürgerstuben vom Barock bis zum Jugendstil eingerichtet waren, vermittelt das Fränkische Museum, das in einem Gebäude von 1789 untergebracht ist.

Dinkelsbühl: Das Bild der Stadt ist alt und unzerstört – überall kann man Fachwerk, historische Mauern und Türme bewundern. Besonders eindrucksvoll präsentiert sich der Weinmarkt mit Schranne und »Deutschem Haus«, weitere bedeutende Ensembles findet man auch am Altrathausplatz und an der Segringer Straße. Das Münster St. Georg verwahrt mehrere kostbare Kunstwerke, wie etwa das zwölf Meter hohe Sakramentshaus und ein Vesperbild aus dem 14. Jahrhundert. Einen Besuch lohnen das Historische Museum im Spitalhof und das Museum 3. Dimension in einem Stadtturm am Nördlinger Tor, das mit optischen Überraschungen wie Holographien und 3-D- Projektionen aufwartet.

Allgemeine Informationen

Touristinformation
Marktplatz 1
91555 Feuchtwangen
Tel. 09852/90444
www.feuchtwangen.de

Tourist Service
Marktplatz
91550 Dinkelsbühl
Tel. 09851/90240
www.dinkelsbuehl.de

EMMER-PFANNKUCHEN MIT GEMÜSE

GASTHAUS SINDEL-BUCKEL

Pro Person

PFANNKUCHEN

4 EL Emmer-Mehl
2 EL Weizenmehl
3 Eier
1/4 l Milch
1/2 EL Butterschmalz

FÜLLUNG

3 Champignons
oder Austernpilze
je 80 g Karotten, Lauch,
rote Paprikaschote und Zwiebel
(in feine Würfel geschnitten)
1 EL Öl
1 Knoblauchzehe
Salz · Pfeffer aus der Mühle
Sojasauce
3 Scheiben Butterkäse

1 Für den Pfannkuchen beide Mehlsorten, Eier und Milch zu einem Teig verrühren – er soll etwas dickflüssiger sein als bei herkömmlichen Pfannkuchen. Das Butterschmalz in einer beschichteten Pfanne erhitzen und darin aus dem Teig einen Pfannkuchen backen. Den Backofen auf 120 °C vorheizen.

2 Für die Füllung die Pilze klein schneiden und mit den vorbereiteten Gemüsewürfeln im Öl andünsten. Die Knoblauchzehe durch die Presse dazudrücken. Die Füllung mit Salz, Pfeffer und 1 Spritzer Sojasauce abschmecken.

3 Den Pfannkuchen mit einer Scheibe Butterkäse belegen und die Gemüsefüllung daraufgeben. Den Pfannkuchen von zwei Seiten einschlagen und dann die Füllung einrollen.

4 Den Emmer-Pfannkuchen mit dem restlichen Butterkäse belegen und im Ofen goldbraun überbacken.

KALBSKARREE MIT KARTOFFEL-PAPRIKA-TÖRTCHEN

HOTEL DEUTSCHES HAUS

1 Für die Sauce die Knochen in einem Schmortopf anrösten und entfetten. Mit der Hälfte der Gemüsewürfel weiterrösten und das Tomatenmark unterrühren. 750 ml Rotwein in drei Portionen dazugießen und einkochen lassen, die Geflügelbrühe angießen und auf ein Drittel einkochen lassen. In einem zweiten Topf den restlichen Rotwein sirupartig einkochen lassen. Den Fond durch ein Sieb passieren und mit der Rotweinreduktion vermischen. Mit Salz, Pfeffer, Eisweinessig und Waldhonig abschmecken.
2 Den Backofen auf 120 °C vorheizen. Das Kalbskarree mit Salz und Pfeffer würzen, mit Mehl bestäuben und im Öl scharf anbraten. Restliche Gemüsewürfel in einen Schmortopf geben und das Fleisch daraufsetzen. Mit Knoblauch und Kräutern 20 Minuten im Ofen garen. Das Fleisch vor dem Anschneiden 10 Minuten ruhen lassen.
3 Die Kartoffeln in Salzwasser mit dem Kümmel garen, abgießen und pellen. Die Kartoffeln mit einer Gabel zerdrücken, 4 EL Olivenöl und die Oliven unterheben und das Püree mit Salz und Pfeffer abschmecken.
4 Paprikaschoten halbieren und im restlichen Olivenöl mit den Kräutern und der angedrückten Knoblauchzehe auf beiden Seiten schmoren. Die Schoten häuten und in der Größe von Tarteletteförmchen Kreise ausstechen. Die Förmchen einfetten, rote Paprika und Kartoffelpüree einfüllen, gelbe Paprika jeweils als Deckel daraufsetzen.
5 Das Fleisch in Scheiben schneiden und mit der Sauce und den Kartoffeltörtchen anrichten. Dazu passen Prinzessbohnen.

Für 4 Personen

SAUCE UND FLEISCH

500 g Kalbsknochen
je 100 g Staudensellerie-, Karotten- und Schalottenwürfel
1 EL Tomatenmark
1 l Spätburgunder
1 l Geflügelbrühe
Salz · Pfeffer aus der Mühle
100 ml Eisweinessig
1 EL Waldhonig
1,2 kg Kalbskarree mit Knochen (beim Metzger vorbestellen)
1/2 EL Mehl
3 EL Rapsöl
1 Knoblauchzehe
je 2 Zweige Rosmarin und Thymian

BEILAGEN

4 große mehlig kochende Kartoffeln
Salz
1 TL Kümmel
7 EL Olivenöl
10 schwarze Oliven (entsteint, in Streifen geschnitten)
Pfeffer aus der Mühle
je 1 Zweig Rosmarin und Thymian
1 Knoblauchzehe
Butter für die Förmchen
je 2 rote und gelbe Paprikaschote

Waller mit Rahmsauerkraut

Flair-Hotel Weisses Ross

Für 4 Personen
100 g Mehl
1/4 l Fischfond
ca. 30 g kalte Butter
3 Eigelb
Salz · Zucker
Saft von 1 Zitrone
2 cl Noilly Prat
600 g Sauerkraut (aus dem Fass)
1/2 l Weißwein
Kurkuma
Paprikapulver edelsüß
1 Becher Sahne
5 Schalotten
1 EL Öl
1 EL Fenchelsamen
je 100 g Lauch- und Tomatenwürfel
4 Wallerfilets (à 200 g)
100 g Mehl
2 Eier
1 EL Butterschmalz

1 Für die Sauce 20 g Mehl im Fischfond glatt rühren und unter Rühren aufkochen lassen. Sehr kalte Butterflocken abwechselnd mit den Eigelben unterschlagen. Einmal kurz aufkochen lassen und sofort vom Herd ziehen. Mit je 1 Prise Salz und Zucker, 1 EL Zitronensaft und dem Noilly Prat abschmecken. Die Sauce im Wasserbad warm stellen.

2 Das Sauerkraut waschen, gut ausdrücken und mit dem Weißwein bei kleiner Hitze 30 Minuten köcheln lassen. Je 2 Msp. Kurkuma und Paprika unter die Sahne mischen und dann unter das Kraut rühren.

3 Für die Garnitur die Schalotten in feine Würfel schneiden. Das Öl erhitzen und die Schalottenwürfel darin mit den Fenchelsamen glasig dünsten. Die Lauch- und Tomatenwürfel kurz mitschmoren und die Gemüsegarnitur mit Salz würzen.

4 Die Fischfilets mit dem restlichen Zitronensaft beträufeln und mit Salz würzen. Zunächst durch das Mehl, dann durch die verquirlten Eier ziehen. Die Filets im Butterschmalz bei mittlerer Hitze auf beiden Seiten goldbraun braten.

5 Den Fisch mit dem Sauerkraut und der Schalotten-Fenchel-Garnitur anrichten. Die Wallerfilets mit der Sauce überziehen und nach Belieben mit Dill garnieren.

Matjes mit Kartoffelrösti

Landgasthof Walkmühle

1 Für die Matjes die Zwiebeln schälen und in feine Ringe schneiden. Die Äpfel vierteln, entkernen, in Scheiben schneiden und mit dem Zitronensaft beträufeln. Die Essiggurken in Streifen schneiden. Pfefferkörner und Wacholderbeeren im Mörser zerstoßen, den Dill fein hacken. Alle vorbereiteten Zutaten mit Schmand, Joghurt und saurer Sahne mischen. Die Sauce zuletzt mit Salz und Zucker abschmecken.

2 Für die Rösti die Kartoffeln schälen und auf einer groben Reibe raspeln. Mit Salz, Pfeffer und etwas Muskatnuss würzen. Das Öl in einer beschichteten Pfanne erhitzen. Die Kartoffelmasse esslöffelweise in die Pfanne setzen und flach drücken. Die Rösti goldbraun braten, dabei erst wenden, wenn die Unterseite bereits goldbraun ist.

3 Die Matjesfilets waschen und trocken tupfen. Zum Servieren jeweils zwei Matjes und zwei Rösti auf einen Teller setzen. Die Sauce über den Fisch geben, mit Schnittlauchröllchen garnieren.

Für 4 Personen

Matjes

2 Zwiebeln
2 säuerliche Äpfel
2 EL Zitronensaft
4 Essiggurken
1 TL Pfefferkörner
5 Wacholderbeeren
1 Bund Dill
je 1 Becher Schmand, Joghurt und saure Sahne
Salz · Zucker
8 Matjesfilets
4 EL Schnittlauchröllchen

Rösti

6–8 festkochende Kartoffeln (je nach Größe)
Salz · Pfeffer aus der Mühle
Muskatnuss
3 EL Öl

Von WALLERSTEIN nach DONAUWÖRTH

Noch immer ruft der Türmer in Nördlingen vom fast 90 Meter hohen Daniel sein »So, Gsell so!«

Zwischen der Schwäbischen Alb und dem Fränkischen Jura führt die Romantische Straße nach Südosten zur Donau. Stolze Burgen, Schlösser und Herrenhäuser zeugen hier von einer Zeit, in der das aufstrebende Bürgertum mit dem Adel um Einfluss und Macht kämpfte. 15 Millionen Jahre alt ist das Ries bei Nördlingen, ein Krater mit 25 Kilometer Durchmesser, den der Einschlag eines ungeheueren Meteoriten schuf.

Ab der Frankenhöhe hat auch das Herrscherhaus gewechselt: Statt der Hohenlohes waren die Grafen und Fürsten von Oettingen-Wallerstein in dieser Region das bestimmende Adelsgeschlecht. Der Aufstieg der Oettinger Riesgrafen begann im 12. Jahrhundert unter den Staufer-Kaisern, aber erst in den folgenden Jahrhunderten rundete sich ihr Besitz zu einer geschlossenen Landesherrschaft. Die Burg Wallerstein kam 1250 an die

Oettinger. Sie wurde ausgebaut und mit mehreren Mauerringen umgeben, 1648 aber völlig von den Schweden zerstört. Unversehrt blieben allein einige Gebäude am Fuß des Burgfelsens – dort, wo heute das fürstlich-wallersteinische Brauhaus steht. Es ist ein wichtiges wirtschaftliches Standbein, und das Bier wird deshalb als Edelmarke besonders gepflegt. Das Erfolgsrezept sind bestes Weizen- und Gerstenmalz und mehrere Wochen der Nachgärung im kühlen Keller. Spezialitäten wie dem Hefeweizen und dem dunklen Landsknechtbier spendieren die fürstlichen Braumeister sogar noch die traditionellen Bügelflaschen.

Seit 400 Jahren brauen die Fürsten von Oettingen-Wallerstein Bier. Sie gehen aber auch mit der Zeit und kreieren Marken, die gerade im Trend liegen, wie etwa ein alkoholarmes Radler, das sich »Biker-Cool« nennt. Bei Brauereibesichtigungen wird die Multimediashow »Bierworld« gezeigt, die sich nicht nur bei Japanern und Amerikanern großer Beliebtheit erfreut.

Den Absatz fördert neben der Qualität ein geschicktes Marketing. So herrscht jedes Jahr Anfang September rund um den Burgberg wieder Schlachtengetümmel und Lagerleben. Beim Wallersteiner Landsknechttreffen sind kaiserliche Truppen, schwedische Söldner und die Rotten der Bauernkriege friedlich und malerisch vereint: ein Spektakel, das Tausende von Besuchern anzieht. Aber auch auf das traditionelle Aushängeschild einer anständigen Brauerei will man in Wallerstein nicht verzichten. Im »Fürstlichen Keller« wird gut und mit viel Bier gekocht. Den Spätzleteig rührt der Küchenchef mit einem würzigen Hefeweißbier an.

Nach Wallerstein lohnt sich ein kleiner Abstecher von der Romantischen Straße. Schloss Baldern, seit 1280 ebenfalls im Besitz der Familie Oettingen-Wallerstein, ist im Gegensatz zu ihrer Stammburg noch wohl erhal-

Jüdische Gemeinden

Unter dem Schutz der Oettinger gab es in Wallerstein und Harburg blühende jüdische Gemeinden. Um 1800 stellten Juden 30 Prozent der Harburger Bevölkerung. Aus Wallerstein stammte Jomtow Heller, ein berühmter Schriftgelehrter des 16. Jahrhunderts, der in Krakau, Prag und Wien lehrte. Die jüdische Gemeinde Harburg wurde 1936 aufgelöst, die in Harburg lebenden Juden kamen in den Vernichtungslagern in Osteuropa um. Die Wallersteiner Synagoge wurde in der Pogromnacht 1938 zerstört. Von den 16 Juden, die 1933 noch in Wallerstein lebten, wurden mindestens sechs deportiert und ermordet.

ten. Eine glückliche Heirat und eine große Erbschaft ermöglichte es dem Grafen Kraft Ernst zu Oettingen, Baldern Anfang des 18. Jahrhunderts zu einem prächtigen Residenzschloss zu gestalten. Vom Eichstätter Fürstbischof lieh er sich dazu dessen berühmten Baumeister Gabriel di Gabrieli. In den Räumen von Baldern zeigen die Oettinger heute eine der größten Waffensammlungen Deutschlands, die sie aus ihren Schlössern zusammengetragen haben: Harnische und Hellebarden, Schwerter und Steinschlossgewehre. Im Gegensatz dazu steht die prunkvolle Ausstattung der gräflichen Zimmer. Glanzstück ist der Festsaal mit seinem reichen Dekor, der als eine »Perle des Barock« gilt.

Die barocke Pestsäule ist das Wahrzeichen des Marktes Wallerstein. Sie zeigt die Krönung der Gottesmutter im Himmel.

Selbst die Pferde logierten in dieser Residenz sehr nobel: unter Stuckdecken in getäfelten Boxen vor kunstgeschmiedeten Futterraufen. Inzwischen wurden die Rösser ausquartiert; die Schloss-Schenke »Zum Marstall« ist ein elegantes Restaurant und Café. An vergangene Zeiten erinnert nur noch die Spezialität des Hauses: »Rossbolla«, hochdeutsch Pferdeäpfel, eine köstliche Verführung aus Buttercreme, Mürbteig, Likör und Schokolade, die man unbedingt probieren muss.

Verrat am Nördlinger Stadttor

In Nördlingen genossen die Oettingen-Wallerstein keinen guten Ruf. Einer der ihren, Graf Hans, ist untrennbar mit der Stadtsage verknüpft: Im Jahr 1440 machte sich die Frau eines Leinwebers auf den Weg, um ihrem Mann noch spätabends einen Krug Wein aus dem Wirtshaus zu holen. Am Löpsinger Tor bemerkte sie etwas Verdächtiges. Eine entlaufene Sau rieb sich an den Torflügeln und drückte sie auf. Warum waren sie nicht verschlossen? Mit dem Ruf »So, Gsell so!«, verjagte das beherzte Weib das Borstenvieh und beschimpfte die Wächter. Es wurde Sturm geläutet und das Tor schnell verschlossen. Denn Graf Hans hatte die Wachmannschaft bestochen und plante einen Überfall auf die

Reichsstadt, der in letzter Minute verhindert worden war. Ob dies wirklich stimmt? Fest steht, dass im selben Jahr zwei Torwächter wegen Verrats hingerichtet wurden und es anschließend ein ausgeklügeltes Sicherheitssystem gab. Zusammen mit der St.-Georgs-Kirche wurde in der Stadtmitte der fast 90 Meter hohe Danielsturm errichtet. Zwei Türmer schoben dort Tag und Nacht Wache. Nach Einbruch der Dunkelheit riefen sie jede halbe Stunde den fünf Torwachen »So, Gsell so!« zu, und diese mussten ebenso antworten. Die Torwachen gibt es in Nördlingen nicht mehr. Doch vom Daniel hallt von 22 Uhr bis Mitternacht immer noch der Wächterruf.

Vor den Toren der Stadt lauert heute nicht mehr der Feind, sondern rührt einer der kreativsten Köche Bayerns in den Töpfen. Joachim Kaiser hat sein Gasthaus »Meyer's Keller« auf der Marienhöhe zu einer ersten Adresse für Feinschmecker gemacht. Idyllisch sind Umgebung und Garten, heimelig geht es in den Gaststuben zu. Keinen steifen Gourmettempel will der Meister führen, sondern einen Ort, an dem »Essen Spaß macht«. Bei seinem pochierten Zanderfilet mit Limonen-Kartoffel-Püree und Olivenkrokant stellt sich dieses Vergnügen wie von selbst ein.

Die Marienhöhe hieß früher Galgenberg – bis 1814 stand hier das Blutgerüst. Der knapp 50 Meter aufragende Hügel war auch die empfindliche Stelle Nördlingens. Von diesem »Balkon« aus feuerten während des Dreißigjährigen Krieges die kaiserlichen Truppen ihre Kanonenkugeln in die protestantische Stadt. Im friedlicheren 19. Jahrhundert entstanden dann auf dem Buckel Bierkeller mit Ausschank, unter ihnen »Meyer's Keller«. Und als Kronprinz Max von Bayern im Jahr 1842 Marie von Preußen heiratete, bekam der Galgenberg den unverdächtigen Namen Marienhöhe.

Maria Holl

In Nördlingen hat man Ende des 16. Jahrhunderts 34 Frauen gefoltert und wegen Hexerei hingerichtet. Maria Holl, die Wirtin des Gasthauses »Goldene Krone«, wurde von Neidern 1593 ebenfalls der Hexerei beschuldigt. Sie überstand 56 Torturen, ohne ein Geständnis abzulegen, und wurde freigesprochen. Ihr Fall führte zum Ende des Hexenwahns. Die tapfere Frau überlebte ihre Peiniger und starb 1634 mit 85 Jahren. Vor dem ehemaligen Gasthaus am Weinmarkt erinnert heute ein Brunnen an sie.

Ihr gegenüber steht die Alte Bastei, von der aus die Nördlinger kräftig zurückschossen. Sie ist Teil der Mauer, die mit fünf Toren und 16 Türmen die Stadt immer noch umgibt. Unter ihrem Schutz boten die Händler und Bauern in den Kornschrannen, auf dem Wein-, Tändel- und Rübenmarkt ihre Waren feil. Nördlingen war aber auch ein wichtiges Zentrum des Fernhandels. Während der Pfingstmesse legten die Tuchhändler im »Tanzhaus« am Marktplatz ihre Stoffballen aus. Den Wohlstand mehrten schließlich auch tüchtige Handwerker wie die Gerber, deren Viertel am Stadtfluss Eger noch gut erhalten ist.

Wenige Kilometer unterhalb von Nördlingen mündet die Eger in die Wörnitz. Gemeinsam besitzen die gemütlich plätschernden Flüsschen die Kraft, immer wieder verheerendes Hochwasser anzurichten. Die Harburger haben gelernt, damit zu leben. Im 18. Jahrhundert bauten sie eine wuchtige Steinbogenbrücke über die Wörnitz. Flankiert wird sie vom alten Badhaus und der Bruckmühle mit ihrem barock geschneckten Giebel.

Kinderfeste

Wie Dinkelsbühl kennen auch Nördlingen und Donauwörth historische Kinderfeste. In Nördlingen ziehen die Schulkinder beim 600 Jahre alten »Stabenfest« im Mai mit Gesang und Blumen durch die Altstadt zur Kaiserwiese, um dort zu feiern. Der »Schwäbischwerder Kindertag« am Ende des Schuljahres in Donauwörth lässt sich bis ins 17. Jahrhundert zurückverfolgen. Er erinnert an die Zeit, als die Stadt noch »Werd« oder auch »Schwäbischwerd« hieß. Auf dem Programm stehen ein Spiel im Heilig-Kreuz-Garten und ein farbenfroher Festzug.

Eine Bilderbuch-Burg

Die Idylle hält im Städtchen an, dessen Häuser sich eng an den Burgberg schmiegen. Oben angelangt, wird man vollends ins Mittelalter versetzt. Die mächtige Harburg könnte aus einem Bilderbuch stammen, mit ihren Türmen, Toren und Wehrgängen, die den Innenhof umschließen. Selbst ein Fallgitter mit bedrohlichen Spitzen fehlt nicht. Auch auf der Harburg saßen schon seit dem Jahr 1299 die Oettinger. Von den Kriegen der folgenden Jahrhunderte blieben Burg und Städtchen weitgehend verschont.

Wenn sich Prominenz blicken ließ, war sie meist auf der Durchreise nach Frankfurt, um sich dort die Kaiserkrone aufs Haupt drücken zu lassen. Im Jahr 1742 kutschierte der bayerische Kurfürst Karl Albrecht mit stolz

geschwellter Brust durch Harburg – seiner kurz währenden Kaiserwürde entgegen. In den folgenden Jahrzehnten waren es dann wieder wie gewohnt die Habsburger aus Wien, ehe die Österreicher schließlich darauf verzichteten, auch noch Kaiser des »Heiligen Römischen Reiches Deutscher Nation« zu sein.
Erst zu Napoleons Zeiten geriet die Harburg einmal ernsthaft in Gefahr. In der Burg lag im Juni 1800 eine österreichische Besatzung, während vor ihren Toren französische Truppen standen. Die Österreicher ergaben sich nach einigem Geplänkel und verhinderten damit die Zerstörung. Jedes Jahr feiern die Harburger diesen glimpflichen Ausgang mit einem Dankfest.
So kann man heute noch durch die Räume der Burg spazieren. Nicht versäumen sollte man einen Besuch in der Schlosskirche bei den Grafen von Oettingen und ihren Gemahlinnen. In Lebensgröße blicken sie von ihren Grabmälern auf einen herab und erinnern an längst vergangene Zeiten. Wer länger Zwiesprache mit der Geschichte halten will, der kann sich auch im Schlosshotel einquartieren oder in der »Fürstlichen Burgschenke« einen »Ritterspieß« verspeisen. Dabei wird er nichts davon spüren, dass tief unter ihm die modernen Zeiten toben. Die Bundesstraße durchquert in einem Tunnel den Burgberg und sichert damit Harburg seinen beschaulichen Frieden.

Auf einem Felsen thront weithin sichtbar die Harburg, eine der größten und besterhaltenen Wehranlagen in Süddeutschland.

Fischerinsel an der Donau

Vor ihrer Mündung in die Donau bildet die Wörnitz eine Insel. Fischer siedelten sich hier während der Völkerwanderung an: Die Geburtsstunde von Donauwörth, denn »Wörth« ist der alte Name für Insel. Die Stadt führte ihn bis ins 17. Jahrhundert, der Doppeladler ihres Wappens trägt heute noch ein »W«. Erst als die Freie Reichsstadt in bayerischen Pfandbesitz geriet, hängte

Das Nördlinger Ries

Es war eine Katastrophe unvorstellbaren Ausmaßes, die sich vor 15 Millionen Jahren im Nördlinger Ries ereignete – und sie traf zweifellos Lebewesen. Die Erde war damals schon ziemlich alt, unsere Tier- und Pflanzenwelt entwickelte sich gerade. Ein Meteorit von mehr als einem Kilometer Durchmesser schlug mit 70000 Stundenkilometern auf die Erde, mit der Sprengkraft von 250000 Hiroshima-Bomben. Im Umkreis von über 100 Kilometern war alles Leben vernichtet, auf dem Ries entstand ein etwa 25 Kilometer großer, beinahe kreisrunder Krater. Im Zentrum bildete sich noch ein kleinerer Ring; zu ihm zählt die Nördlinger Marienhöhe.

Ein Gruß vom Mond

Lange rätselten die Geologen über die Ursachen dieses Naturphänomens. Die geläufigste Theorie des 19. Jahrhunderts lautete, dass flüssiges Magma aus dem Erdinneren aufgestiegen und verpufft sei. Anfang des 20. Jahrhunderts nahm man erstmals einen Meteoriten als Schuldigen an. Mittlerweile gehört das Nördlinger Ries zu den am besten erforschten Meteoritenkratern der Erde. Die amerikanischen Astronauten bereiteten sich hier auf ihre Mondlandungen vor. Neues Leben erwuchs nach der gewaltigen Naturkatastrophe. Sintflutartige Regenfälle machten den riesigen Krater zwei Millionen Jahre lang zu einem See, der Vögel und anderes Getier anlockte. Deshalb sind das Ries und seine Umgebung reich an Fossilienfunden. Bei dem Einschlag wurden verschiedene Gesteinsmassen durch die Gegend geschleudert. Die weiteste Reise machten Moldavite, Schmelzsplitter, die man im 300 Kilometer entfernten Böhmen gefunden hat. Die Staubwolke des Meteoriten lagerte sich als »Suevit« ab. Diesen »Schwabenstein« nutzten bereits die Römer als Baumaterial, die Nördlinger errichteten später damit ihre St.-Georgs-Kirche. Im Rieskrater-Museum ist dies alles dokumentiert. Dort gibt es auch ein Stückchen Mond, das die Astronauten mitgebracht haben.

man der besseren Unterscheidung wegen die »Donau« an ihren Namen. Mit dem Bau der Donaubrücke im Jahr 955 begann der Aufstieg des Fischerdorfs zur Handelsmetropole. Sie war nun ein wichtiger Knotenpunkt der europäischen Handelsstraße. Von den Hansestädten an der Nord- und Ostsee führte der Weg über Nürnberg nach Donauwörth, von dort weiter nach Augsburg und Italien. Nicht minder wichtig war die Donau, die den Hafen zum Umschlagplatz für Salz machte.
Auch eine Reliquie trug zum Ruhm der Donaustadt bei. Im Jahr 1029 hatte Graf Mangold einen Splitter des Kreuzes Christi mitgebracht und zu seiner Verehrung das Kloster Heilig-Kreuz gegründet. Die Stauferkaiser beteten hier und verliehen Wörth das Stadt- und Münzrecht. Der »Wörther Pfennig« war eine anerkannte Reichswährung. Nach ihrem Aussterben griffen die Wittelsbacher zu. Herzog Ludwig der Strenge machte die Wörther Burg Mangoldstein zu seiner Residenz. Seinen Beinamen verdiente sich der Herzog durch eine Bluttat. Stets auf Kriegsfahrten, verdächtigte er seine Ehefrau Maria von Brabant des Ehebruchs, eilte nach Donauwörth und ließ sie 1256 nebst Hofdamen und Burgvogt kurzerhand hinrichten. Es war ein Irrtum – wie er wenig später erkannte. Zur Buße stiftete Ludwig ein Kloster, seine Frau beerdigten die Benediktiner von Heilig-Kreuz. In einem Freilichtspiel erinnern sich die Donauwörther dieser Tragödie.

Mit einem Brückenschlag über Wörnitz und Donau begann vor 1000 Jahren der Aufstieg Donauwörths zur Freien Reichsstadt.

Unblutiger geht es beim Fischerstechen zu, das alle zwei Jahre am Zusammenfluss von Wörnitz und Donau ausgetragen wird. Beim Lanzenstich auf schwankenden Schiffsplanken fällt man nur ins Wasser. Die Zuschauer haben ihre Freude an diesem feuchten Wettkampf und genießen an diesem Festtag einen Donauwaller im Wurzelsud, den der Küchenchef des Donauwörther »Parkhotels« meisterlich zuzubereiten versteht.

RESTAURANTS & GASTSTÄTTEN

Joachim Kaiser hat in »Meyer's Keller« in Nördlingen seine Zutaten fest im Griff.

Fürstlicher Keller
Berg 78, 86757 Wallerstein
Tel. 09081/275909
www.fuerstlicher-keller.de

■ Landsknechtsaal und Gartenterrasse mit herrlichem Blick über das Ries. Wild- und Geflügel-Spezialitäten.

Zum Marstall
Schlossparkstraße 12
73441 Bopfingen-Baldern
Tel. 07362/921398

■ Café-Restaurant in den prachtvollen historischen Stallungen. Man sitzt originell in einer der einstigen Pferdeboxen. Bei schönem Wetter Gartenbetrieb im Schlosshof.

Hotel-Restaurant Fürstliche Burgschenke
Burgstraße 1, 86655 Harburg
Tel. 09080/1504
www.burgschenkeharburg.de

■ Hotel und Restaurant in historischem Ambiente, Freiplätze im malerischen Burghof. Bürgerliche bis gehobene Küche. Auf Vorbestellung für Gruppen auch Ritteressen nach mittelalterlichen Rezepten.

Gasthaus Meyer's Keller
Marienhöhe 8
86720 Nördlingen
Tel. 09081/4493
www.meyerskeller.de

■ Feinschmeckerlokal auf einem Hügel vor den Toren der Stadt. Joachim Kaiser kombiniert gekonnt regionale Produkte und Rezepte mit ungewöhnlichen Aromen.

Parkhotel Donauwörth
Sternschanzenstraße 1
86609 Donauwörth
Tel. 0906/706510
www.parkhotel-donauwoerth.de

■ Schönes Vier-Sterne-Hotel mit Restaurant in der Parkstadt von Donauwörth. Zum herrlichen Blick hinunter auf die Stadt und das Donautal bietet die Küche schwäbische, aber auch internationale Gerichte.

Sehenswürdigkeiten

■ *Wallerstein:* Obwohl die Burg von den Schweden zerstört wurde, lohnt sich wegen der herrlichen Aussicht der Aufstieg auf den schroffen Burgfelsen. In Wallerstein selbst steht auf dem Hauptplatz eine sehr schöne barocke Pestsäule. Das neue Schloss am Markt und der Schlossgarten sind momentan nicht für die Öffentlichkeit zugänglich.

■ *Harburg:* Hoch über dem gleichnamigen Städtchen thront mit der Harburg eine der größten und besterhaltenen deutschen Burgen. Auf einem Rundgang kann man die Kunstsammlungen der Fürsten von Oettingen-Wallerstein und eine Schatzkammer mit Skulpturen bewundern. Auch wenn er keine kunstgeschichtlichen »Höhepunkte« zu bieten hat, sollte man den Ort nicht links liegen lassen: Die verwinkelten Gassen mit ihren alten Häusern haben schon viele Landschaftsmaler begeistert.

■ *Nördlingen:* Wie Dinkelsbühl besitzt Nördlingen eine vollständig erhaltene Stadtmauer, auf der man herumspazieren kann. Im Löpsinger Torturm informiert ein Museum über die Stadtbefestigung. Das Rathaus aus dem 14. Jahrhundert ist eines der ältesten in Deutschland, und die St.-Georgs-Kirche zählt zu den größten Hallenkirchen. Wer auf ihren 90 Meter hohen Turm, den Daniel, steigt, hat nicht nur den besten Blick über das Gewirr der Gassen, sondern auch über das Ries, den riesigen Krater, in dem die Stadt liegt. Bei einem Stadtrundgang sollte man neben dem Marktplatz auch die Kornschrannen, den Weinmarkt und das Gerberviertel besuchen. Bilder des Nördlinger Malers Friedrich Herlin findet

Allgemeine Informationen

Verkehrsamt Wallerstein
Weinstraße 19
86757 Wallerstein
Tel. 0 90 81/2 76 00
www.wallerstein.de

Stadtverwaltung Harburg
Schlossstraße 1
86655 Harburg
Tel. 0 90 80/9 69 90
www.stadt-harburg-schwaben.de

Tourist-Information Nördlingen
Marktplatz 2
86720 Nördlingen im Ries
Tel. 0 90 81/8 41 16
www.noerdlingen.de

SEHENSWÜRDIGKEITEN

man im Stadtmuseum. Ein Muss für geologisch Interessierte ist das Rieskrater-Museum, das mit modernster Technik fast alle Fragen zu dem gewaltigen Meteoriteneinschlag beantwortet.

Tourist-Information Donauwörth
Rathausgasse 1
86609 Donauwörth
Tel. 09 06/79 81 51
www.donauwoerth.de

■ ***Donauwörth:*** Die Insel Ried am Zusammenfluss von Wörnitz und Donau ist der stimmungsvollste Beginn einer Besichtigung. Hier steht auch das Heimatmuseum. Durch das Rieder Tor gelangt man in die Altstadt mit der Reichsstraße. Nach dem gotischen Liebfrauenmünster kann man das barocke Kloster Heilig-Kreuz und das Fuggerhaus besuchen. Puppenfreunde sollten das Käthe-Kruse-Museum im ehemaligen Kapuzinerkloster nicht versäumen.

LANDSKNECHTTREFFEN IN WALLERSTEIN

Informationen zum Landsknechttreffen, aber auch zur Brauerei Wallerstein (Besichtigungen), zum Schloss Baldern und zur Harburg findet man auf der Website www.wallerstein.de.

Ein Spektakel der besonderen Art findet jedes Jahr am ersten Septemberwochenende rund um die ehemalige Burg Wallerstein statt. Historische Gruppen spielen mehrere Stationen aus der Geschichte des Nördlinger Rieses nach: ein mittelalterliches Ritterlager, den Beginn der Söldnerheere um 1500, die Rotten der aufständischen Bauern und schließlich ein Lager der Landsknechte vor der Schlacht von Nördlingen 1634.

RITTERSPIESS MIT BRATKARTOFFELN

FÜRSTLICHE BURGSCHENKE

1 Das Filet in 12 Medaillons schneiden und mit Salz und Pfeffer würzen. In einer Pfanne in 2 EL Öl auf beiden Seiten braten und aus der Pfanne nehmen. Die Speckscheiben kross ausbraten und die Zwiebeln in Viertel schneiden. Fleisch, Speckscheiben und Zwiebelviertel abwechselnd auf Schaschlikspieße stecken. Jeweils mit einer halbierten Gewürzgurke abschließen.

2 Die Hälfte der Zwiebelwürfel in der Butter andünsten, den Senf unterrühren und den Weißwein dazugießen. Mit dem Fond und der Sahne auffüllen und auf die Hälfte einkochen lassen. Die Sauce mit Salz, Pfeffer und Chili abschmecken.

3 Die Kartoffeln in Scheiben schneiden und im restlichen Öl braten. Wenn die Bratkartoffeln eine leichte Kruste haben, die restlichen Zwiebel- und die Speckwürfel hinzufügen und kurz mitbraten.

4 Die Spieße mit der Sauce überziehen und mit den Bratkartoffeln anrichten.

Für 4 Personen
800 g Schweinefilet
Salz · Pfeffer aus der Mühle
4 EL Öl
12 Scheiben Bauchspeck
2 Zwiebeln
2 Gewürzgurken
150 g Zwiebelwürfel
20 g Butter
3 EL Senf
100 ml Weißwein
300 ml Rinderfond
100 g Sahne
Chilipulver
600 g gegarte Kartoffeln
50 g geräucherter Bauchspeck (in Würfel geschnitten)

Bierknöpfle mit Rahmschwammerln

Fürstlicher Keller

Für 4 Personen

Knöpfle

500 g Mehl
4 Eier
300 ml Hefeweißbier
Salz
1/2 TL Kurkuma
ca. 200 ml Milch
2 EL Butter

Rahmschwammerl

500 g Champignons
1 kleine Zwiebel
200 g durchwachsener Speck
1 EL Öl
100 ml Rinderfond
Salz · Pfeffer aus der Mühle
200 g Sahne

1 Für die Knöpfle das Mehl in eine Rührschüssel geben, Eier, Bier, 1/2 TL Salz und Kurkuma hinzufügen und alles mit dem Mixer oder Schneebesen verrühren. Die Milch unter Rühren dazugeben, bis ein geschmeidiger Teig entsteht, der Blasen wirft. Die Milchmenge variiert je nach Größe der Eier.

2 In einem großen Topf Salzwasser erhitzen und den Teig mit einem Spätzlehobel rasch hineindrücken. Die Knöpfle kurz aufkochen lassen, in ein Sieb abgießen und abtropfen lassen. Die Butter in einer Pfanne zerlassen und die Knöpfle darin schwenken.

3 Für die Rahmschwammerl die Champignons in Scheiben, die Zwiebel und den Speck in Würfel schneiden. Das Öl in einer Pfanne erhitzen, Zwiebel und Speck darin anbraten. Die Champignons dazugeben und mitbraten. Den Fond dazugießen und auf die Hälfte einkochen lassen, mit Salz und Pfeffer abschmecken. Die Sahne dazugeben und alles zu einer leicht dicklichen Sauce einkochen lassen.

4 Die Rahmschwammerl mit den Bierknöpfle anrichten und nach Belieben mit Petersilie garnieren.

Donauwaller auf Gemüsebett mit Safrankartoffeln

Parkhotel Donauwörth

1 Für den Fisch den Backofen auf 160 °C vorheizen. Das Gemüse in Rauten schneiden. In einem Topf die Hälfte der Butter zerlassen und das Gemüse darin andünsten. Den Fischfond und den Weißwein dazugießen und die Gewürze hinzufügen. Den Sud in ein tiefes Backblech schöpfen. Den Waller mit Zitronensaft und Salz würzen und in den Wurzelgemüsesud setzen. Den Fisch im Ofen etwa 30 Minuten gar ziehen lassen.

2 Für die Safrankartoffeln die Kartoffeln schälen und in grobe Schnitze schneiden. Mit den Safranfäden in Salzwasser garen.

3 Den Waller mit dem Wurzelgemüse, den Safrankartoffeln und etwas Fond auf einer vorgewärmten Platte anrichten. Auf den Fisch einige Butterflöckchen setzen. Nach Belieben mit Dillzweigen garnieren.

Für 4 Personen

Fisch

je 250 g Karotten, Lauch, Knollensellerie und Fenchel
ca. 50 g Butter
800 ml Fischfond
100 ml Weißwein
je 1 TL Pfefferkörner und Wacholderbeeren
2 Lorbeerblätter
1 Waller (Wels; ca. 1 1/2 kg)
Saft von 1 Zitrone · Salz

Safrankartoffeln

1,2 kg Kartoffeln
2 g Safranfäden · Salz

POCHIERTER ZANDER MIT LIMONENPÜREE

MEYER'S KELLER

Für 4 Personen

FISCH

1 unbehandelte Orange
1/2 l Fischfond
100 ml Weißwein
2 cl Noilly Prat
2 cl Pernod
je 4 Sternanis, Pimentkörner und Lorbeerblätter
8 Pfefferkörner
4 Zanderfilets (à 120 g)
Salz
je 4 grüne und schwarze Oliven

PÜREE

4 blaue Trüffelkartoffeln (geschält und gegart)
Saft von 1 Limone
1 EL Olivenöl mit Limone
200 ml Fleischbrühe
Salz · Muskatnuss

1 Für den Fisch von der Orangenschale dünne Streifen abschälen, die Frucht halbieren und eine Hälfte auspressen. Den Saft mit Fischfond, Weißwein, Noilly Prat, Pernod und den Gewürzen in einen Topf geben und aufkochen.

2 Die Fischfilets mit Salz würzen. Den Topf vom Herd nehmen und die Fischfilets in den Sud geben. Den Deckel auflegen und alles noch einmal aufkochen. Dann vom Herd nehmen und den Fisch ohne Hitzezufuhr 4 Minuten gar ziehen lassen.

3 Für das Püree die Kartoffeln durch die Spätzlepresse in einen Topf drücken. Mit Limonensaft, Olivenöl und Brühe bei kleiner Hitze erwärmen. Mit Salz und Muskatnuss abschmecken.

4 Die Zanderfilets in vorgewärmte tiefe Teller setzen, ein wenig Sud darübergeben und mit Oliven und Orangenstreifen garnieren. Aus dem Limonenpüree mithilfe von zwei Esslöffeln Nocken abstechen und jeweils daneben anrichten.

ROSSBOLLA (PFERDEÄPFEL)

ZUM MARSTALL

1 Für den Mürbteig den Backofen auf 200 °C vorheizen. Alle Zutaten gut verkneten. Den Teig in Mehl wälzen und ausrollen. Mit einem Glas 5 cm große Kreise ausstechen und im Ofen 8 bis 10 Minuten backen.
2 Für die Biskuitmasse die Eier trennen, die Eigelbe mit zwei Dritteln des Zuckers schaumig rühren, Eiweiße zu Schnee schlagen. Beides vorsichtig vermischen. Mehl und Stärke daraufsieben und zusammen mit der Zitronenschale unterheben. Die Masse etwa 1 cm dick auf Backpapier streichen und im Ofen bei 190 °C 15 Minuten backen. Den Biskuit auf die Arbeitsfläche stürzen, das Backpapier abziehen, den restlichen Zucker darüberstreuen und ebenfalls Kreise ausstechen. Die Reste von Biskuit und Mürbteig in eine Schüssel bröseln.
3 Für die Buttercreme die Milch mit 1 Prise Salz, dem Zucker und dem Vanillezucker aufkochen. Die Stärke mit etwas kaltem Wasser anrühren und das Eigelb unterrühren. Die Mischung unter Rühren in die kochende Milch geben. Abkühlen lassen, dabei ab und zu umrühren, damit sich keine Haut bildet. Die handwarme Butter schaumig schlagen und die Creme Löffel für Löffel dazugeben.
4 Die Mürbteigböden jeweils mit Marmelade bestreichen und den Biskuit daraufsetzen. Die Buttercreme mit den Bröseln und dem Amaretto vermischen, zu Kugeln formen und daraufsetzen. Die Kuvertüre im warmen Wasserbad schmelzen und die Rossbolla damit überziehen. Zuletzt mit den gehackten Pistazien garnieren.

4 Portionen

MÜRBTEIG
250 g Butter
125 g Zucker
1 Ei
1 Eigelb
375 g Mehl

BISKUIT
4 Eier
100 g Zucker
50 g Mehl
50 g Speisestärke
1 TL abgeriebene unbehandelte Zitronenschale

BUTTERCREME
1/2 l Milch
Salz
100 g Zucker
2 Päckchen Vanillezucker
50 g Speisestärke
1 Eigelb
200 g warme Butter

AUSSERDEM
2 EL Aprikosen- oder Himbeermarmelade
4 cl Amaretto
1 Tafel Zartbitter-Kuvertüre
1 EL gehackte Pistazien

Die Fuggerstadt
AUGSBURG

Kaiser Augustus, der Stadtgründer und Namensgeber, blickt auf das Augsburger Renaissance-Rathaus, das unter der Leitung von Elias Holl von 1615 bis 1620 errichtet wurde.

Wenn sich München wieder einmal als nördlichste Stadt Italiens feiern lässt, lächeln die Augsburger fein. Denn dieser Ruhm gebührt ihrer Heimatstadt, und zwar schon seit über 2000 Jahren. In Augsburg blühten Handel, Geist und Kunst und überlieferten unserer Zeit ihre Zeugnisse. Als der Wittelsbacher Herzog Ludwig der Strenge am anderen Lechufer in Friedberg 1257 seine Burg errichtete, war das eher eine trotzige Geste: Hier fängt Altbayern an.

Glück und Ruhm verdankt Augsburg dem römischen Kaiser Augustus. Der schickte seine Adoptivsöhne Drusus und Tiberius mit dem Auftrag über die Alpen, die wilden Räten zu unterwerfen. Im Jahr 15 v. Chr. waren die beiden Feldherren am Zusammenfluss von Lech und Wertach angelangt. Sie gründeten »Augusta Vindelicorum«, benannt nach ihrem Kaiser und dem Stamm der

Vindeliker, die zwischen Bodensee und Donau hausten. Augsburg ist damit nach Trier die zweitälteste Stadt in Deutschland. Die Siedlung entwickelte sich schnell vom Nachschublager für Legionäre zum ansehnlichen Gemeinwesen. Denn Kaiser Claudius ließ alsbald die »Via Claudia« als Staatsstraße bauen. Sie führte von Trient über den Reschen- und Fernpass nach Füssen und Augsburg. Der Brenner wurde erst 100 Jahre später passierbar gemacht. Bis in die Neuzeit blieb deshalb die »Via Claudia« die wichtigste Handelsstraße dieses Alpenabschnitts. Bereits um das Jahr 100 n. Chr. verlieh Kaiser Hadrian Augsburg das römische Stadtrecht. Wenig später wurde »Augusta Vindelicorum« Hauptstadt der Provinz Rätien, die bis nach Oberitalien reichte.

Als sich der Sturm der Völkerwanderung gelegt hatte und der Augsburger Bischof Ulrich mit Kaiser Otto I. die Ungarn zurückwarf, konnte man an diese antike Karriere wieder anknüpfen. Vom Kaiser zur Reichsstadt erhoben, konnten sich die Augsburger nun aus den Armen des Bischofs befreien. Sie webten »Barchent«-Stoffe aus Baumwolle und Leinen und trieben Handel mit Venedig und den aufstrebenden Stadtstaaten Oberitaliens. Es herrschte Aufbruchsstimmung, als der Webergeselle Hans Fugger 1367 aus dem Dorf Graben am Lechfeld zum Stadttor hereinspaziert kam.

Reichtum durch Handel

20 Jahre später war Hans im Glück Zunftmeister aller Augsburger Weber. Einer seiner Söhne erkannte, dass mit Handel mehr Geld als mit dem Weben von Stoffen zu verdienen war. In der dritten Generation hieß das Oberhaupt dann schon »Jakob der Reiche«. Die Familie Fugger war zum »Global Player« aufgestiegen. Sie besaß Bergwerke, sie organisierte den römischen Ablasshandel, sie finanzierte Kriege und den Kauf ganzer Länder. Das

KOCHBUCH

Philippine Welser wurde 1527 als Tochter einer Augsburger Patrizierfamilie geboren, die mit den Fuggern an Einfluss und Reichtum konkurrierte. 1557 heiratete sie heimlich den Kaisersohn Ferdinand II. von Tirol. Bereits zehn Jahre zuvor entstand das »Kochbuch der Philippine Welser«, eine handschriftliche Rezeptsammlung, die eher die Tafel einer reichen Kaufmannsfamilie als höfische Essgewohnheiten widerspiegelt. Zu den Rezepten zählen Salm in Kräutersauce, Brotsuppe und Semmeltorte.

wohl spektakulärste Geschäft der Fugger waren die 852000 Gulden, die sie Karl V. zur Bestechung der Reichsfürsten bei der Kaiserwahl liehen.

Mit den Gewürzen und Seidenstoffen kam auch kulinarische Nachhilfe in den Norden. Die Rezepte der italienischen Renaissance-Köche wurden gesammelt, übersetzt und nachgedruckt. Eine deutsche Übertragung des Kochbuchs von Bartolomeo Sacchi trägt den schönen Untertitel »De Honesta Voluptate et Valitudine«, »Von der anständigen Wollust des Leibes«. Nicht von ungefähr war es eine Augsburgerin, die während dieser Zeit in die Annalen der deutschen Kochkunst einging. Philippine Welser umgarnte möglicherweise nicht nur mit ihrem Liebreiz, sondern auch mit ihrer guten Küche den Erzherzog Ferdinand II. von Österreich so, dass er sie wider alle Staatsräson ehelichte.

In der leibeslustigen Renaissance-Zeit erreichte auch die europäische Kochkunst ihre erste Blüte. Segelschiffe brachten exotische Gewürze aus Madagaskar und Südostasien mit, und der Buchdruck sorgte für die Verbreitung von Rezepten. Jedoch treffen viele Gerichte nicht den heutigen Geschmack: Sie sind zu stark gewürzt und zu fett.

Die Fuggerei-Stube in der Jakoberstraße ist ein Hort dieser traditionellen Augsburger Gastlichkeit. Unter den 500 Jahre alten Renaissance-Gewölben wird je nach Wunsch modern und leicht oder traditionell schwäbisch gekocht. In solcher Umgebung sollte man sich aber doch lieber für Letzteres entscheiden. Die »Fürstlich Fuggersche Schmankerlpfanne« vereint in einer geräumigen schmiedeeisernen Reine alles, was das Schwabenherz höherschlagen lässt: Kässpätzle, Schupfnudeln und Maultaschen, dazu zweierlei Filets, Fleischküchle und einen

BERTOLD BRECHT

Bert Brecht wurde 1898 in Augsburg geboren und verbrachte dort seine ersten 22 Lebensjahre. Das bekannte Zitat aus der Dreigroschenoper »Erst kommt das Fressen, dann kommt die Moral« lässt vermuten, dass der Dichter wenig von leiblichen Genüssen hielt. Das stimmt jedoch nicht. Seine Frau Helene Weigel sagte: »Mein Anteil an seinem schriftstellerischen Werk ist kolossal, denn ich konnte vorzüglich kochen.« Brechts Geschmack wurde in seiner Jugendzeit geprägt. Er liebte Hollerküchl, Kartoffelsalat und Bier. Im Biergarten »Augsburger Kahnfahrt« hat er Letzteres genossen und anschließend bei einer Bootsfahrt auf dem Stadtgraben seine ersten Liebesabenteuer erlebt. Ein Spaziergang auf Brechts Spuren ist auch heute noch ein Genuss.

Krautstrudel. Obwohl das alles frisch gemacht ist und köstlich schmeckt, haben hier zwei tüchtige Esser tapfer zu kämpfen. Vom Schwabengeiz zeigt jedenfalls der Wirt keine Spur.

Ein Spaziergang durch die Fuggerei tut anschließend gut. Auch diese wohltätige Stiftung existiert schon seit Jahrhunderten. Der reiche Jakob ließ um 1520 die gemütlichen Reihenhäuschen mit ihren idyllischen Innenhöfen für Bedürftige bauen. 140 Augsburger wohnen noch heute hier. Die Jahresmiete ist mäßig, sie beträgt 0,88 Euro und täglich ein Vaterunser, ein Glaubensbekenntnis und ein Ave Maria für das Seelenheil der Fugger. Für Nachtschwärmer ist die Fuggerei allerdings nicht gedacht. Wer nach 22 Uhr Einlass begehrt, bezahlt eine Strafe beim Wächter. Spät werden könnte es im »König von Flandern«. Seinen Namen hat der Bierkeller von dem legendären flandrischen König Gambrinus, der angeblich zur Zeit Karls des Großen das Bierbrauen erfunden hat. Hier, im alten Baderkeller neben dem Augsburger Rathaus, wurde schon im Mittelalter Bier gebraut. Herzstück des Wirtshauses ist deshalb der glänzende Kupferkessel mitten im Gastraum, in dem der Sud angesetzt wird. Das ergibt zwar nur einen Jahresausstoß von ganzen 1300 Hektolitern, dafür schmeckt das naturtrübe Zwickelbier aber umso besser.

Romantische Fleckchen sind die Innenhöfe der Fuggerei, der ersten deutschen Sozialsiedlung. Die Jahresmiete beträgt nicht einmal einen Euro.

Mozarts schwäbische Ahnen

Wie einst Hans Fugger kam 1643 auch ein David Mozart vom Land durchs Tor in die Stadt gezogen. Er war der Ur-Urgroßvater von Wolfgang Amadeus. Die Mozarts arbeiteten als Maurer für die Fugger und das Domkapitel und waren wohl angesehen. So kam es, dass Leopold, der Vater des späteren Wunderkinds, aufs Gymnasium gehen konnte und im Domchor Sopran sang. In Salzburg studierte er dann Musik und bekam eine Stelle bei der

HOHES FRIEDENSFEST

Augsburgs Geschichte ist eng mit der Reformation verknüpft. In der Reichsstadt sollte Martin Luther 1518 seine 95 Thesen widerrufen und hielt stand. Das lutherische Glaubensbekenntnis, die »Confessio Augustana«, wurde hier formuliert. Und der »Westfälische Friede« am Ende des Dreißigjährigen Krieges beruhte auf Vereinbarungen, die bereits 93 Jahre zuvor in Augsburg

getroffen worden waren. Nach dem Grundsatz »cuius regio, eius religio« bestimmte der Landesherr, welche Religion seine Untertanen hatten. Das war noch keine Religionsfreiheit, sicherte aber den Frieden. Daher fand in Augsburg 1650 erstmals das »Hohe Friedensfest« statt. Die Stadt war nun ein Beispiel dafür, dass die Konfessionen einträchtig miteinander leben konnten.

Die »lutherische Wurst«

In Augsburg war die freie Wahl der Glaubensgemeinschaft noch eine relativ einfache Sache. Bis zum Beginn des 19. Jahrhunderts bestand die Stadt aus drei selbstständigen Territorien: den katholischen Besitztümern des Bistums und des Klosters St. Ulrich und Afra sowie der evangelischen Reichsstadt. Mit der Religion musste man also nur das Viertel wechseln. Eine schwäbische Spezialität, die »Lutherische Wurst«, zeigt aber auch, dass die Sache nicht überall so einfach war. Die kräftig gewürzte Dauerwurst stammt von evangelischen Einwanderern aus katholischen Gebieten Kärntens und der Steiermark. Es gibt dazu sogar eine schwäbische Redensart: »Eine lutherische Wurst in einem katholischen Topf sieden«, umschreibt die Schwierigkeiten einer Mischehe.

1949 gestanden die Väter der bayerischen Verfassung den Augsburgern für ihr Friedensfest einen eigenen gesetzlichen Feiertag zu. Am 8. August bleiben die Geschäfte geschlossen. Stattdessen gibt es einen gemeinsamen Gottesdienst der Konfessionen. Vorträge, Konzerte und Feiern umrahmen diesen Festtag. Und die weltoffenen Schwaben freuen sich natürlich, wenn auch Gäste dabei sind. Alle drei Jahre wird ein Augsburger Friedenspreis verliehen. Einer der prominentesten Preisträger ist Michail Gorbatschow.

fürstbischöflichen Hofkapelle. Der Hochzeit mit Anna Maria Pertl und der Geburt von Wolfgang Amadeus am 27. Januar 1756 stand nun nichts mehr im Weg.
In Augsburg muss ein Genius Loci herrschen, der nicht nur die Kunst, sondern auch die Liebe fördert. Philippine verführte ihren österreichischen Erzherzog, der bayerische Herzog Albrecht II. verliebte sich in die Baderstochter Agnes Bernauer, und Wolfgang Amadeus Mozart begann 1777 ein Techtelmechtel mit seiner Augsburger Cousine, dem »Bäsle« Maria Anna Thekla Mozart. Seine Bäsle-Briefe sind berühmt-berüchtigt. Nach Mozarts Tod befand seine Frau Konstanze: »Die freilich geschmacklosen, aber doch sehr witzigen Briefe an seine Base verdienen wohl einer Erwähnung, aber freilich nicht, ganz gedruckt zu werden.«
Die Affäre des Bäsle endete nicht so tragisch wie das Leben der Bernauerin, die in Straubing ertränkt wurde. Doch Mozart war auf Reisen, und das Bäsle bekam von einem Domherrn ein Kind. Der Liebhaber war beleidigt. Hatte er doch einst seinem Vater geschrieben, Thekla sei gewiss kein »Pfaffenschnitzel«. Den Augsburger Konditormeister Erich Euringer hat diese bittersüße Liebesgeschichte zu »Mozartbusserln« inspiriert, einer Praline mit dunkler Schokolade und Marillenlikör.
Im Haus an der Frauentorstraße 30 wurde Leopold Mozart geboren. Ein Museum erinnert dort an den Vater, ohne den der Sohn nicht so groß geworden wäre. Wer im »Augsburger Hof« vis-à-vis einkehrt, wird solchen Gedanken ein wenig nachhängen. Vor allem bei einem Gericht, das Österreich und Schwaben auf dem Teller vereint: Kalbsvögerl mit Rahmschwammerln und Schupfnudeln.

Die »Mozartbusserln« des Konditors Euringer erinnern an die Liebesaffäre des jungen Komponisten mit seinem Augsburger »Bäsle«.

Neuer Glanz im Rokoko

In den Jahren von Vater und Sohn Mozart konnte Augsburg nach dem Elend des Dreißigjährigen Krieges endlich wieder an die alten glanzvollen Zeiten anknüpfen. Waren es vorher Handel und Bankwesen, die der Stadt europäische Bedeutung verschafften, so sorgten nun die Kunsthandwerker für Wohlstand und Ruhm. 300 Gold- und Silberschmiede arbeiteten am Anfang des 18. Jahrhunderts, dazu kamen Kupferstecher und Buchdrucker. Das Rokoko wurde sogar mit dem Namen der Stadt in Verbindung gebracht. Den »Augsburger Geschmack« nannte man diese Auflösung der barocken Formen in elegante Bewegung. Das Schaezlerpalais in der Maximilianstraße erinnert an diese Zeit des Übergangs. Auf ihrer Fahrt zur Hochzeit mit dem König von Frankreich tanzte im Spiegelsaal des Rokoko-Palastes die österreichische Erzherzogin Marie Antoinette.

Und doch ist es die Renaissance, die das Gesicht der Stadt heute noch prägt. Stadtbaumeister Elias Holl schuf mit dem Rathaus und seinem Goldenen Saal den bedeutendsten Profanbau dieser Zeit nördlich der Alpen. Auch drei Bronzebrunnen brauchen den Vergleich mit den Meisterwerken Oberitaliens nicht zu scheuen. Den Anfang macht vor dem Rathaus der Stadtgründer, Kaiser Augustus. Mit einem Lorbeerkranz auf dem lockigen Haupt weist er in Herrschergeste über den Platz. Dem Cäsaren, Symbol der Freien Reichsstadt und ihres Adels, folgt am Beginn der Maximilianstraße Merkur. Der Gott der Kaufleute erinnert an die Blüte Augsburgs als Welthandelsmacht. Der Herkulesbrunnen setzt schließlich dem dritten Stand, den Handwerkern, ein Denkmal. Mit der Feuerkeule bekämpft der Halbgott die vielköpfige Hydra. Wie die Quellnymphen zu seinen Füßen ist er Sinnbild des tätigen Menschen, der die Elemente zähmt und in seine Dienste nimmt. Geschaffen wurden die Brunnen von zwei Niederländern: Kaiser Augustus ist ein Werk von Hubert Gerhart, die Götterbrunnen stammen von Adriaen de Vries.

FAYENCEN

Neben kostbaren Uhren zeigt das Heimatmuseum im Friedberger Schloss seltene Fayencen. Von 1754 bis 1768 betrieben die Wittelsbacher hier eine »Porzellanmanufaktur«. Dieser Name führt in die Irre, denn Fayencen sind hart gebranntes Tongeschirr mit weißer Glasur. Durch Tschirnhaus' Erfindung gab es zur Zeit der Friedberger Fayencen jedoch bereits richtiges Porzellan aus der Manufaktur Meißen. Andere Manufakturen folgten, sodass die Fertigung in Friedberg wieder eingestellt wurde. Heutzutage sind die Fayencen gesuchte Sammlerstücke.

Kostbare Uhren und Fayencen

Friedberg am anderen Lechufer blieb immer die kleine Schwester Augsburgs. Das war zu Römerzeiten so; das galt im Mittelalter, als der Wittelsbacher-Herzog Ludwig der Strenge mit seinem Mündel Konradin, dem letzten Staufer, Burg und Stadt Friedberg gründete; und das setzte sich nach dem Dreißigjährigen Krieg fort, als die Friedberger von dem Aufstieg Augsburgs profitierten. Wer etwas auf sich hielt in der Barockzeit, der brauchte nicht nur zu Hause eine Pendeluhr mit Gewichten, sondern auch eine Federuhr, wenn er auf Reisen ging. Diese »Kutscheruhren« mit Schlagwerk waren mechanisch wesentlich komplizierter. Daher suchten die Augsburger Goldschmiede jemanden, der ihnen diese Tüftelarbeit abnahm. Den Friedbergern kam das gerade recht. Ganze Familien schraubten, feilten und frästen. Richtige Dynastien entstanden, die sich heute noch anhand der Gravuren auf dem Werk zurückverfolgen lassen. Bald standen die Meister vom bayerischen Ufer des Lechs nicht mehr als Zulieferer im Schatten der Augsburger: Uhren aus Friedberg waren nun in ganz Europa ein Qualitätsbegriff. Eine Reihe dieser Kostbarkeiten konnte die Stadt wieder nach Friedberg zurückholen. Sie werden im alten Schloss ausgestellt – zusammen mit seltenen Fayencen, die man hier im 18. Jahrhundert fertigte. In der Nähe der Stadt gibt die Wallfahrtskirche Herrgottsruh schon einen Vorgeschmack auf den Barockhimmel des Pfaffenwinkels. Ihren Namen trägt sie nach dem Gnadenbild, das den erschöpften Christus zeigt, der sich vom Tragen des Kreuzes ausruht. Auch kulinarisch lohnt sich der Ausflug über den Lech. Im Gasthaus »Herzog Ludwig« lässt der Küchenchef Andreas Ufertinger den bayerischen Weideochsen des »Wittelsbacher Landes« alle Ehre angedeihen. Und im »Altstadtcafé« in der Ludwigstraße bäckt Willy Weißgerber gefüllte Rohrnudeln wie kein Zweiter. Augsburg mag prachtvoller sein, doch auch die kleine Schwester hat ihre Reize.

Die Wallfahrtskirche Herrgottsruh in Friedberg gibt schon einen Vorgeschmack auf die »Barockjuwelen« des Pfaffenwinkels. Das Gotteshaus wurde von Matthäus Günter und Cosmas Damian Asam prachtvoll ausgemalt.

RESTAURANTS & GASTSTÄTTEN

Wer sich in Friedberg kulinarisch verwöhnen lassen möchte, kann im »Herzog Ludwig« die Kochkünste von Andreas Ufertinger genießen.

Fuggerei-Stube
Jakoberstraße 26
86152 Augsburg
Tel. 08 21/3 08 70
www.fuggerei-stube.de

■ Das historisches Lokal in der Nähe der Fuggerei lohnt allein schon wegen seiner Renaissancegewölbe einen Besuch. Auf der Speisekarte stehen Spätzle und Maultaschen, aber auch leichte Gerichte.

Gasthausbrauerei König von Flandern
Karolinenstraße 12
86150 Augsburg
Tel. 08 21/15 80 50
www.koenigvonflandern.de

■ Gasthausbrauerei in alten Kellergewölben. Zum süffigen Bier gibt es Brotzeiten und deftige Gerichte. Spezialität ist eine täglich wechselnde Brauhaus-Pfanne, aus der man sich gern einen Nachschlag holen darf.

Romantikhotel Augsburger Hof
Auf dem Kreuz 2
86152 Augsburg
Tel. 08 21/34 30 50
www.augsburger-hof.de

■ In den anheimelnden Räumen des Hotel-Restaurants wird die feine Variante der schwäbischen Küche zelebriert. Hier speist man an einem geschichtsträchtigen Ort: Gegenüber wurde Leopold Mozart, der Vater von Wolfgang Amadeus, geboren.

Gast- und Brauhaus Herzog Ludwig
Bauernbräustraße 15
86316 Friedberg
Tel. 08 21/60 71 27
www.herzog-ludwig.de

■ Das lockt sogar die Augsburger über den Lech: ein Gasthof mit romantischem Innenhof und vorzüglicher Küche, die sogar die strengen Kritiker von Gault Millau überzeugte. Wirt Andreas Ufertinger betreibt die einzige Brauerei in Friedberg, was ihn nicht daran hindert, selbst am Herd zu stehen.

SEHENSWÜRDIGKEITEN

ALLGEMEINE INFORMATIONEN

Tourist-Information
Maximilianstraße 57
86150 Augsburg
Tel. 0821/502070
www.augsburg-tourismus.de

■ ***Dom:*** Der Dom mit seinen mächtigen Doppeltürmen stammt im Kern noch aus dem 10. und 11. Jahrhundert. Berühmt sind vor allem die »Prophetenfenster«, die zu den ältesten Glasmalereien in Deutschland zählen, die Altartafeln von Hans Holbein d. Ä. und die reliefverzierte Bronzetür.

■ ***St. Ulrich und Afra:*** Die gotische Kirche birgt die Gräber der Augsburger Stadtheiligen Afra, einer römischen Märtyrerin, und des Bischofs Ulrich, der 955 auf dem Lechfeld die Ungarn vertrieb.

■ ***St.-Anna-Kirche:*** Die evangelische Kirche erinnert an den Aufenthalt Luthers in Augsburg und andere Stationen der Reformation. Die ehemalige Karmeliterklosterkirche birgt wertvolle Wandmalereien und Gemälde sowie die Grabkapelle der Fugger aus dem 16. Jahrhundert.

■ ***Rathaus:*** Das wiederaufgebaute Meisterwerk von Elias Holl mit seinen markanten Zwiebel-Zwillingstürmen gilt als das bedeutendste profane Renaissancegebäude nördlich der Alpen. Besonders prunkvoll ist die Ausstattung des Goldenen Saals mit Wandmalereien, Portalen und einer kunstvollen Kassettendecke.

Geöffnet täglich 10–18 Uhr

■ ***Fuggerei:*** Die kleinen Reihenhäuschen und malerischen Innenhöfe dieser ältesten Sozialsiedlung der Welt sind nach dem Rathaus die Hauptattraktion Augsburgs. Sie wurden ab 1516 auf Initiative von Jakob Fugger dem Reichen errichtet. Heute informiert das Fuggereimuseum über die Entstehungszeit dieser »Stadt in der Stadt«.

Geöffnet täglich 8–20 Uhr,
im Winter 9–18 Uhr

SEHENSWÜRDIGKEITEN

Geöffnet Di–So 10–17 Uhr

■ ***Römisches Museum:*** Das Museum im ehemaligen Dominikanerkloster erinnert mit zahlreichen Funden an die Römerzeit Augsburgs. Glanzstück ist der vergoldete Bronzekopf eines Pferdes.

Geöffnet Di–So 10–17 Uhr

■ ***Schatzkammer*** (Maximiliansmuseum): Gezeigt werden erlesene Stücke der Augsburger Goldschmiedekunst und die Originale der drei Renaissance-Brunnen vor dem Rathaus und auf der Maximilianstraße.

Mai bis Okt. 10–18 Uhr, an den Adventswochenenden 14–19 Uhr

■ ***Perlachturm:*** Der schweißtreibende Aufstieg lohnt sich, denn von dem 70 Meter hohen Perlachturm neben dem Rathaus genießt man den schönsten Ausblick. Der Rekord des jährlichen Perlacher Treppenlaufs liegt übrigens bei 50 Sekunden.

ALLGEMEINE INFORMATIONEN

Tourist-Information Friedberg
Marienplatz 5
86316 Friedberg
Tel. 08 21/6 00 26 11
www.friedberg.de

■ ***Friedberg:*** Das Städtchen war im Mittelalter Grenzbefestigung der Bayern. Neben der Wallfahrtskirche Herrgottsruh mit ihren Kuppelfresken von Cosmas Damian Asam ist das Wittelsbacher-Schloss die Hauptattraktion. Hier zeigt das Heimatmuseum eine einmalige Sammlung von Kunstuhren aus dem 17. bis 19. Jahrhundert und kostbare Fayencen.

KALBSVÖGERL AUF RAHMSCHWAMMERLN

AUGSBURGER HOF

1 Für die Kalbsvögerl den Backofen auf 200 °C vorheizen. Die Kalbsschnitzel dünn klopfen, mit Salz und Pfeffer würzen. Vier Schnitzel mit jeweils einer Speckscheibe belegen und die Backpflaumen darin einrollen. Auf die anderen Schnitzel je ein Häufchen Spinat und Frischkäse setzen und ebenfalls einrollen. Die Rouladen mit Küchengarn verschnüren und im heißen Öl rundum anbraten. Mit dem Weißwein ablöschen und den Fond angießen. Im Ofen zugedeckt 30 bis 40 Minuten garen.

2 Für die Rahmschwammerl die Pilze in dünne Scheiben schneiden. Die Schalottenwürfel im Olivenöl andünsten, die Pilze kurz mitdünsten, Petersilie und Schnittlauch dazugeben und durchschwenken. Die Crème fraîche unterrühren und zuletzt die geschlagene Sahne unterheben.

3 Die Kalbsvögerl schräg durchschneiden und je ein Kalbsvögerl jeder Sorte mit etwas Pilzgemüse auf einem Teller anrichten. Dazu passen gebratene Schupfnudeln.

Für 4 Personen

KALBSVÖGERL

8 Kalbsschnitzel (à 80 g)
Salz · Pfeffer aus der Mühle
4 Scheiben Räucherspeck
4 eingeweichte Backpflaumen (entsteint)
2 EL Blattspinat (blanchiert)
2 EL Frischkäse
2 EL Öl
200 ml Weißwein
200 ml Kalbsfond

SCHWAMMERL

200 g Egerlinge oder Austernpilze
1 EL Schalottenwürfel
1 EL Olivenöl
je 1 EL gehackte Petersilie und Schnittlauchröllchen
1 EL Crème fraîche
100 g geschlagene Sahne

KRAUTSTRUDEL MIT SCHUPFNUDELN

FUGGEREI-STUBE

Für 4 Personen

KRAUTSTRUDEL

2 Semmeln
1/4 l lauwarme Milch
500 g Hackfleisch
150 g Kalbsbrät
4 Eier
200 g gehackte Champignons
1 gehackte Zwiebel
1 EL gehackte Petersilie
Salz · Pfeffer aus der Mühle
Majoran · Muskatnuss
Paprikapulver
1 Kopf Weißkraut
Butter für die Form
1/8 l Gemüsebrühe
1 Schweinenetz (vom Metzger, über Nacht einweichen)

SCHUPFNUDELN

500 g mehlig kochende Kartoffeln
130 g Mehl
30 g zerlassene Butter
20 g Gries · 1 Ei
Salz · Muskatnuss
2 EL Schweineschmalz

1 Für den Strudel den Backofen auf 150 °C vorheizen. Die Semmeln in dünne Scheiben schneiden, in der Milch einweichen und ausdrücken. Mit Hackfleisch, Kalbsbrät, Eiern, Pilzen, Zwiebel und Petersilie gut verkneten und die Fleischfarce mit den Gewürzen abschmecken.

2 Das Weißkraut vom Strunk befreien und den Kopf in kochendes Salzwasser legen, sodass sich die Blätter lösen. Die Blätter sofort kalt abschrecken. Den dicken Teil der Mittelrippe jeweils ausschneiden, klein schneiden und unter die Fleischfarce mischen. Die Krautblätter überlappend auf einem Küchentuch zu einem Rechteck auslegen und mit dem Nudelholz flach rollen.

3 Die Farce etwa 2 cm dick auf den Blättern verteilen. Die Blätter mithilfe des Tuchs zu einem Strudel rollen und in das Schweinenetz hüllen. Den Strudel in ein tiefes gefettes Backblech setzen, die Brühe dazugießen und den Strudel im Ofen 40 Minuten braten.

4 Für die Schupfnudeln die Kartoffeln kochen, pellen und noch warm durch die Kartoffelpresse drücken. Etwas Mehl auf die Arbeitsfläche sieben und alle Zutaten bis auf das Schmalz zu einem glatten Teig verkneten. Den Teig kurz ruhen lassen und dann zu einem etwa 5 cm dicken Strang formen. Von der Masse Scheiben abschneiden, andrücken und auf der Arbeitsfläche zu fingerdicken Nudeln rollen. Die Schupfnudeln im Schmalz goldbraun ausbacken.

5 Den Krautstrudel in Scheiben schneiden und mit den Schupfnudeln servieren.

ZWEIERLEI ROHRNUDELN

CAFÉ WEISSGERBER

1 Für den Teig die Hefe zerbröseln und mit den übrigen Zutaten etwa 8 Minuten in der Küchenmaschine kneten. Der Teig ist fertig, wenn er sich vom Schüsselrand löst. Etwa 30 Minuten zugedeckt gehen lassen.
2 Für die Apfelfüllung die Äpfel schälen, entkernen, in kleine Stücke schneiden und mit etwas Wasser halb gar dünsten. Die Semmelbrösel mit Butter, Zucker und Zimtzucker anbräunen und zum Binden des Fruchtsafts mit den Äpfeln mischen.
3 Die Hälfte des Teigs in 10 Stücke teilen, zu Knödeln formen und zu etwa 15 cm großen Scheiben ausrollen. Jeweils 1 EL Apfelfüllung in die Mitte setzen, den Teig darüberschlagen, oben zusammendrehen und festdrücken.
4 Den restlichen Teig auf einem Küchentuch etwa 5 mm dick zu einem Rechteck ausrollen. Mit flüssiger Butter bestreichen, mit Zimtzucker bestreuen und die Sultaninen darauf verteilen. Zu einem Strudel rollen und in 5 cm dicke Scheiben schneiden.
5 Die Butter in zwei Backformen zerlassen – sie sollte den Boden knapp 1 cm hoch bedecken. In eine Form die Schneckennudeln (mit der Schnittfläche nach unten), in die andere die Apfeltaschen (mit dem »Knoten« nach oben) setzen. Mit einem feuchten Küchentuch abdecken und an einem warmen Ort 30 Minuten gehen lassen.
6 Den Backofen auf 180 °C vorheizen. Die Nudeln mit der restlichen Butter bestreichen und 30 bis 40 Minuten goldbraun backen. Aus der Form stürzen und vor dem Servieren mit etwas Zucker bestreuen.

Für ca. 20 Stück

TEIG
50 g Hefe
1 kg Weizenmehl Type 550
100 g Butter
100 g Zucker
3 Eier
150 ml Milch
10 g Salz
1 TL abgeriebene unbehandelte Zitronenschale
1 TL Vanillezucker

APFELFÜLLUNG
4–5 Äpfel
100 g Semmelbrösel
1 EL Butter
2 EL Zucker
1/2 EL Zimtzucker

SULTANINENFÜLLUNG
2 EL flüssige Butter
1/2 EL Zimtzucker
150 g Sultaninen

AUSSERDEM
400 g Butter zum Ausbacken
Zucker zum Bestreuen

Von LANDSBERG *in den* PFAFFENWINKEL

Wo sich heute der Marienbrunnen erhebt, stand einst das Landsberger Rathaus. Man riss es ab, um einen großzügigen Platz zu schaffen, und ließ sich von Dominikus Zimmermann ein schöneres Amtshaus an der Westseite bauen.

Hinein in die bayerische Voralpenlandschaft folgt die Romantische Straße dem Lech, der die Grenze zwischen Bayern und Schwaben markiert. Die mittelalterlichen Städte Landsberg und Schongau konnten hier von ihrer Lage profitieren. Östlich des Flusses beginnt schon der Pfaffenwinkel mit seinen Kirchen und Klöstern. Sie bilden bunte Tupfen auf den grünen Hügeln und Tälern, die der Lechgletscher bei seinem Rückzug hinterlassen hat.

In einem Tagesmarsch erreicht man von München aus Landsberg. Mit der Geburtsstunde der heutigen Landeshauptstadt ist die Geschichte der Gemeinde am Lech eng verknüpft. 1158 ließ der Welfe Heinrich der Löwe die Isarbrücke der Freisinger Bischöfe niederreißen und errichtete eine neue auf seinem Gebiet. Er kontrollierte damit den Salzhandel, der sich von den Salinen bei Salzburg Richtung Bodensee bewegte. Auch über den Lech wurde eine neue Brücke geschlagen und auf seinem Hochufer eine »Landespurch«, die Keimzelle des heutigen Landsberg, gebaut. Es ging ein Jahrhundert ins Land, bevor Ludwig der Strenge hier wie in Friedberg eine befestigte Stadt errichtete. Noch einmal 60 Jahre später hatten die Landsberger endlich den Goldesel in ihren Mauern: König Ludwig der Bayer verlieh ihnen 1315 die Zoll- und Niederlagerechte für Salz und alles andere, das durch den Ort gekarrt wurde.

Landsberg besaß nun dieselben Stadtrechte wie München. Jedes Mal, wenn von dort ein Wagen durchs Bayertor rollte, klingelte es in der Kasse. Das Bayertor war und ist der prächtigste Torturm Landsbergs. Mit seinen Zinnen, Skulpturen und der Fassadenmalerei wollte man vermutlich den Münchnern imponieren. Wer ihn besteigt, hat einen herrlichen Blick über die Altstadt und den Lech bis zu den Alpen. Und man findet eines der originellsten Restaurants an der Romantischen Straße: Die Küche der »Turmschänke« ist nur so klein wie eine Schiffskombüse, doch Norbert Schulz versteht es, hier auch anspruchsvolle Gerichte wie sein Zanderfilet in Käsesauce zu zaubern.

Kochkünstler wie Schulz findet man einige in Landsberg. In der Gogglgasse betreibt der Konditormeister Michael Dillinger seine »Meisterwerk Chocolaterie«. Ganze 100 Quadratmeter groß ist seine Schokoladenküche im ersten Stock des Altstadthauses. Im Laden darunter kann man probieren, was dem Meister alles eingefallen ist: Bitterschokoladen, mit Zimt, Chili oder auch Kümmel gewürzt, und Pralinen mit Absinth- und Honig-Balsamico-Füllung.

Als »Silbergrueb« wird Landsberg in einer alten Quelle bezeichnet. Die Stadt profitierte nicht nur vom Salzhandel, sie war auch ein wichtiger Umschlagplatz für Getreide und Holz, das den Lech hinabgeflößt wurde. Zum Wohlstand trug außerdem die Tuchproduktion bei. Wirtschaftliche Rückschläge brachten die Bauernkriege und die Reformation, die zum Auszug der evangelisch gewordenen Weber führte.

Hier blüht die Kultur

Ein überschaubares, jedoch selbstbewusstes Gemeinwesen, nicht allzu nah oder fern der Großstadt, das hat schon immer die Kultur gefördert. So gibt es in Landsberg ein halbes Dutzend Theatergruppen – vom Kabarett bis zur Puppenbühne. Auch die »Stelzer« haben hier ihre Heimat, die mit ihrer Performance durch ganz Europa touren. Sie ist eine Mischung aus virtuoser Stelzenakrobatik, Theater mit Tiefgang und Klamauk im Stil der

Außer dem Rathaus fällt am Landsberger Hauptplatz der Schmalzturm ins Auge. Sein Name soll sich von den Bauern ableiten, die in seinem Durchgang einst ihr frisch Geschlachtetes verkauften. Alle vier Jahre wird der Platz zum Zentrum des Ruethenfestes mit Tänzen und Theaterdarbietungen der Landsberger Kinder.

Commedia dell'Arte. Nicht weniger gut ist es in Landsberg um die Musik bestellt. Von der Stadtkapelle über die Jazz-Bigband bis zum Madrigalchor reicht die Palette. Ein besonderer Genuss sind die Konzerte im Festsaal des Rathauses. Schon an der üppig dekorierten, aber klar gegliederten Fassade sieht man, dass dieses Rathaus etwas Besonderes ist. Dominikus Zimmermann hat es gebaut, der Schöpfer der Wieskirche. Die Grundmauern standen schon, als der Stararchitekt 1716 bei den Stadtvätern anklopfte. Die waren pleite, denn allein der Rohbau von zwei Geschossen hatte auch noch den letzten Heller aus dem Stadtsäckel gezogen. So kam man schnell ins Geschäft. Zimmermann erhielt die Bürgerrechte und ein Wohnhaus für seine Familie – als Gegenleistung setzte er den Bau des Rathauses fort. Es geriet ihm zum Schmuckstück, in dem Dominikus Zimmermann später auch selbst regierte. Der Baumeister wurde 1748 zum Bürgermeister von Landsberg gewählt.
Nicht nur die Architektur lohnt den Besuch des Rathauses. Münchner Historienmaler haben im 19. Jahrhundert den Festsaal mit Szenen aus der Landsberger Stadtgeschichte geschmückt. Im Sitzungssaal darunter hat Hubertus von Herkomer 1905 in einem Monumentalgemälde den Rat der Stadt samt Bürgermeister bei der Arbeit dargestellt. Der aus Waal bei Landsberg stammende Künstler lebte in England und war dort ein hoch

HUBERT VON HERKOMER

Der in England ungeheuer erfolgreiche Maler Hubert von Herkomer hing zeit seines Lebens an seiner Heimatstadt Landsberg. Am Lechufer ließ er sich ein skurriles Atelier, den Mutterturm, bauen, der wie eine Vorwegnahme von Disneyland wirkt. In England lernte von Herkomer den Automobilsport kennen und führte ihn auch in Deutschland ein. Mit ihm starteten bei der Tourenwagenrallye im Jahr 1906 Größen wie Vincenzo Lancia, Heinrich Opel, August Horch und Prinz Heinrich von Preußen. Dem Sieger winkte als Preis eine Trophäe aus 40 Pfund Sterling-Silber sowie ein von Herkomer gefertigtes Porträt. Zu Ehren des frühen Automobilisten findet bis heute alljährlich im Sommer eine Oldtimerrallye statt, die in Landsberg endet.

geschätzter Porträt- und Landschaftsmaler. Von Queen Victoria wurde er in den Adelsstand erhoben. Seiner Heimatstadt blieb von Herkomer aber stets verbunden.

Ein Gasthof mit Geschichte

Am Lechufer in Dornstetten, ein paar Kilometer südlich von Landsberg, steht eines der ältesten Wirtshäuser der Gegend. Es diente wohl einst der Versorgung der Wallfahrer zum spätgotischen St.-Gangolfs-Kirchlein. Jedenfalls wird in einer Urkunde aus dem Jahr 1517 dem Gasthaus »Der Adler« der Ausschank von »zwei Landsberger Eimern« Wein an hohen Feiertagen und am Gangolfstag bewilligt. Das war nicht wenig, denn dieser Landsberger Eimer fasste immerhin 73 Liter. Eine Kunsthändlerfamilie hat das Anwesen renoviert und in den einstigen Stallungen ihre Restaurierungswerkstätte eingerichtet. Heute ist der Gasthof das Ziel von Feinschmeckern, die sich in diesem historischen Ambiente von Peter und Gabi Nauendorf verwöhnen lassen. Er ist für den Service zuständig, sie steht in der Küche. Und wer Gabi Nauendorfs Lammrücken mit Wirsing und Savoyer Kartoffeln gekostet hat, der wird diesen Abend garantiert so schnell nicht vergessen.

Schlicht ist das Landsberger Bayertor zur Stadtseite hin. Den aus München kommenden Händlern zeigt der gotische Turm hingegen die Prunkfassade.

Die Spuren der Gletscher

Auf dem Weg von Landsberg in die Nachbarstadt Schongau sollte man auch in Hohenfurch Station machen. Vom Höhenrücken mit der St.-Ursula-Kapelle erblickt man im Süden das breite Becken, das der Lechgletscher am Ende der Eiszeit hinterlassen hat. Die zur Stromerzeugung aufgestauten Lechseen lassen ahnen, wie es hier ausgesehen hat, ehe sich das Wasser seinen Weg durch die Endmoräne bahnte.

Die Pfarrkirche Mariä Himmelfahrt ist typisch für viele Gotteshäuser des Pfaffenwinkels. Außen schlicht mit gotischem Satteltурm, öffnet sich im Inneren der Rokokohimmel mit filigranem Stuck und reichem Figurenschmuck. »Wessobrunner Schule« nennt man die Werke dieser Stuckateure, Maurer und Kistler (Schreiner), die von Frankreich über Österreich bis nach Russland zu finden sind. Das kleine Klosterdorf einige Kilometer östlich von Hohenfurch auf der anderen Lechseite war im 17. und 18. Jahrhundert das bedeutendste Stuckatoren-Zentrum Europas. Rund 600 dieser Künstler sind namentlich bekannt. Ganze Familiendynastien schwärmten aus, um die fromme Bauwut des Barock und Rokoko zu befriedigen. Zu den berühmtesten Vertretern zählten die Gebrüder Zimmermann, die Feichtmayrs und Schmuzers.

Von der Ebene auf den Hügel rückte Schongau Mitte des 13. Jahrhunderts – hier fühlten sich die Bürger sicherer. Dank seiner Lage entwickelte sich der Ort zu einem wichtigen Handelszentrum.

Hohenfurch dagegen blieb ländlich. Neben zwei stattlichen Gasthöfen bieten ein halbes Dutzend Bauernhöfe ein bequemes Quartier. Und die Kunst beschränkt sich auf solide schwäbisch-bayerische Küche. Aber die ist keineswegs zu verachten. Denn auch beim Genuss der nach dem Dorfbach benannten »Schönach-Nudla« auf dem Hof von Maria Nuscheler kann man sich wie im siebten Himmel fühlen ...

Eine Stadt zieht um

Von der Schönach erhielt auch Schongau seinen Namen: »Schönach-Gau« hieß es einst. Doch die erste Siedlung stand nicht auf dem Hügel am Lech, sondern etwas westwärts. Altenstadt heißt deshalb das Dorf zu Füßen Schongaus, das ein erstaunliches Kunstwerk birgt. Mächtig erhebt sich hier im barocken Pfaffenwinkel die romanische Basilika St. Michael mit ihren Doppeltürmen. Sie ist der einzige Bau dieser Art in Oberbayern. Im Inneren beeindrucken ein monumentales Kruzifix, Fresken und ein mit Reliefs geschmückter Taufstein.

Um 1200 war das Gotteshaus vollendet. Doch schon wenige Jahrzehnte später zogen die Schongauer um ans Lechufer. Die Brücke war von hier aus leichter zu kontrollieren, Berg und Fluss boten mehr Schutz vor Feinden. Wie Landsberg hat Schongau Ludwig dem Bayern viel zu verdanken. Von ihm erhielt es das Stadt- und

Münzrecht, später kamen noch andere Privilegien dazu. Die Bürger durften Zoll erheben und hatten das Transportmonopol für alle Waren, die Richtung Italien gingen. So kam man ohne eigenen Handel zu einigem Wohlstand und schützte ihn durch eine Mauer, die heute noch mit hölzernen Wehrgängen die Altstadt umschließt.
Auch Schongau hatte in der Barockzeit einen kunstsinnigen Bürgermeister – den Bildhauer und Stuckateur Johann Pöllandt, von dem eine Reihe von Figuren in der Stadtpfarrkirche Mariä Himmelfahrt stammt. Die schlichte Fassade des Gotteshauses, im Chor noch mit spätgotischen Stützpfeilern, lässt nichts von der Pracht des Innenraums erahnen. Dominikus Zimmermann stuckierte den Chor, den Hochaltar schuf der Weilheimer Franz Xaver Schmädl. Auf den Deckenfresken von Matthäus Günther ist eine kunsthistorische Kuriosität zu entdecken: Der Heilige Geist wird hier zwar mit Taube, aber als eleganter Barockkavalier dargestellt, obwohl Papst Benedikt XIV. dies ausdrücklich verboten hatte. Er wollte verhindern, dass durch den Geist in Menschengestalt eine Irrlehre entsteht.
Sehenswert sind auch die Zunftstangen, die Schongaus Handwerker bei Prozessionen mitführten. An der Spitze tragen sie kleine Altärchen mit den Heiligen, die jede Zunft als Schutzpatrone verehrte. Bei den Bäckern war das zum Beispiel Elisabeth von Thüringen, die Arme

Die Stadtpfarrkirche liegt noch im staufischen Kern Schongaus aus der Zeit um 1240, dessen quadratische Form deutlich ablesbar ist. Im 14. Jahrhundert vergrößerte sich Schongau nach Norden und Süden. Die Stadtbefestigung rückte nun bis an den Rand des Bergplateaus heran, das der Urlech aus dem Gestein gesägt hatte.

BALLENHAUS

Lagerräume wie das Schongauer »Ballenhaus« waren für das Handelswesen des Mittelalters und der Renaissance-Zeit von großer Bedeutung. Die kostbare Fracht von und nach Italien lagerte hier so lange, bis mehrere Fuhrleute zusammenkamen und dann gemeinsam unter sicherem Geleit aufbrachen. Neben der antiken »Via Claudia Augusta« spielte auch der Lech als Transportweg eine wichtige Rolle. Schon zur Römerzeit schwammen zusammengebundene Holzstämme den Fluss hinunter. Bis ins 19. Jahrhundert gehörte die Flößerei zu den Haupterwerbsquellen im Lechtal, die Flößer gelangten bis nach Wien und Budapest. Sie befriedigten den enormen Holzbedarf der Städte: Allein eine Augsburger Ziegelei verfeuerte pro Jahr das Holz von 1000 Flößen.

Pfaffenwinkel

Vom »Pfaffenwinkel« ist erstmals Mitte des 18. Jahrhunderts in einer Urkunde die Rede. Das Wort »Pfaffe« für Priester und Mönche hatte bis zur Reformationszeit noch keinen negativen Beigeschmack, viele Orte führen es in ihrem Namen. Aber schon zu Beginn des 16. Jahrhunderts befand der bayerische Geschichtsschreiber Aventinus, es handele sich um ein »unehrliches und Schmachwort«. Gemeint ist mit dem Pfaffenwinkel das Voralpenland zwischen Loisach und Lech, wo es bis zur Säkularisation Anfang des 19. Jahrhunderts über ein Dutzend Klöster mit umfangreichen Besitzungen gab. Das älteste ist das 739 gegründete Kloster Benediktbeuern, das jüngste das 1719 entstandene Karmeliterkloster in Schongau. Die Mönche des Benediktinerordens, die Prämonstratenser und Augustiner-Chorherren haben sich große Verdienste um die Erschließung und Bildung des Bayernlandes erworben.

Die »Wessobrunner Schule«

Die meisten Kirchen und Klöster wurden nach dem Dreißigjährigen Krieg im Stil des Barock und dessen Spätform, dem Rokoko (von französisch rocaille = Muschel), umgestaltet. Neubauten wie die Wieskirche waren eher die Ausnahme. Für die Stuckateure, Maurer, Baumeister, Schreiner, Maler und Bildhauer gab es nun viel zu tun. Sie kamen aus den kleinen Dörfern rund um das Kloster Wessobrunn und schlossen sich nach italienischem Vorbild zu Gilden zusammen. Ihre Arbeiten werden deshalb als »Wessobrunner Schule« bezeichnet. Man schätzt, dass zwischen 1600 und 1800 rund 600 Künstler aus dieser Gegend 2000 bis 3000 Kirchen in ganz Europa gestaltet haben. Allein die Fa-

milie Schmuzer stellte über sechs Generationen Stuckateure. Ab 1770 kam man auch in Bayern vom plastischen Schmuck ab, der »Klassizismus« hielt nun in den Schlössern und Kirchen Einzug. 1798 hatte die »Gesellschaft der Stuccatoren« nur noch 27 Mitglieder. Zahlreiche Straßennamen in Wessobrunn und den Nachbardörfern erinnern heute noch an die Künstlerfamilien aus der Blütezeit des Stucks im Pfaffenwinkel.

mit Broten speiste; die Schneider wählten Sankt Martin, der seinen Mantel mit Christus in Gestalt eines Bettlers teilte; und die Schreiner setzten natürlich auf den heiligen Josef, den Zimmermann und Ziehvater Jesu. Ein uraltes Juwel fällt in diesem spätbarocken Rahmen sofort ins Auge: Vor den Stufen zum Hauptaltar steht auf fünf Säulen ein romanischer Altartisch. Er stammt aus der Zeit um 1230, als die Schongauer vom Tal in Altenstadt auf das Bergplateau der heutigen Stadt zogen und gleich eine Kirche errichteten.

Eine fast vollständig erhaltene Stadtmauer mit gedeckten Wehrgängen aus Holz umgibt den Ortskern von Schongau. Bis ins 17. Jahrhundert wurde die Befestigung immer wieder verstärkt.

Ansonsten ist aus diesen Kindertagen Schongaus wenig übrig geblieben. Ein verheerender Brand zerstörte 1493 beinahe die ganze Stadt. Beim Wiederaufbau wurde am Marienplatz im Jahr 1515 das »Ballenhaus« errichtet, mit seinem Treppengiebel ist es das Wahrzeichen der Stadt. Es diente als Warenlager für die Händler und Fuhrleute. In der spätgotischen Ratsstube im ersten Stock tagte noch bis 1902 der Stadtrat. Heute bildet der holzgetäfelte Raum den festlichen Rahmen für mittelalterliche Bankette. Ein historischer Handwerkermarkt im August rund um das »Ballenhaus« erinnert an die alten Handelszeiten

Über 300 Jahre alt ist auch der Gasthof »Blaue Traube« in Schongau. Schöne Tonnengewölbe stammen noch aus dieser Zeit. Hier kann man wie einst die Schongauer Ratsherren tafeln. Die Wirtin Rosemarie Keppeler serviert eine Rehkeule in feiner Wacholderrahmsauce, dazu gibt es Spätzle, Semmelknödel und Apfelblaukraut.

Von der Welfenburg zur Kohlenzeche

Gleich jenseits des Lechs liegt Schongaus Nachbarort Peiting. Im 11. Jahrhundert spielte der Marktflecken eine wichtige Rolle. Herzog Welf I. baute sich eine Burg, den Stammsitz der süddeutschen Welfen. Sie war Zentrum des politischen und kulturellen Lebens am Lechrain, bis Burg und Markt wie Schongau erst an die Stau-

fer und dann an die Wittelsbacher fielen. Eine Karriere ganz anderer Art machte Peiting im 20. Jahrhundert. Von 1920 bis 1968 war es Bergbauort. Acht Millionen Tonnen Pechkohle wurden aus einem 813 Meter tiefen Schacht gefördert, bis zu 1000 Bergknappen waren tätig. Halden und Schlammweiher wurden anschließend vorbildlich rekultiviert. Umso lieber macht man sich auf den beschilderten Peitinger Bergbauweg an den Stollen vorbei zum Zechengelände und den Bergmannshäusern mit ihren Holzverschlägen für die »Deputatskohle«: ein interessanter Ausflug in unsere jüngste Geschichte.
Dazu zählen auch typische Knappenrezepte, die ältere Peitingerinnen wie Pankratia Holl noch kennen. Ihre Krautkrapfen erfüllen sämtliche Anforderungen, die man damals an ein Gericht stellte: Es musste billig und schnell zubereitet sein, satt machen und auch noch gut schmecken.

Echelsbacher Brücke

Der Pfaffenwinkel mit seinen Barockkirchen birgt auch ein architektonisches Meisterwerk der Moderne: die Echelsbacher Brücke. Die 80 Meter tiefe Ammerschlucht bei Rottenbuch behinderte schon zu Römerzeiten den Warenverkehr von Ost nach West. Auf einem serpentinenreichen Karrenweg mit 20 Prozent Steigung musste dieses Hindernis überwunden werden. Erst 1929 fand man dafür eine technische Lösung: Eine Stahlkonstruktion mit 130 Meter Bogenlänge wurde über die Schlucht gespannt und dann von oben mit Beton ummantelt. Nach 422 Tagen Bauzeit war die Brücke fertig, 1930 wurde sie eingeweiht.

Juwel an der Schlucht

Die Flüsse Ammer und Lech kommen sich zwischen Peiting und Rottenbuch ganz nahe, aber dann geht doch jeder seine eigenen Wege. Am Rand der tiefen Ammerschlucht grüßt der Kirchturm des ehemaligen Chorherrenstifts der Augustiner. Auch hier deutet nichts darauf hin, dass man mehr als eine einfache Dorfkirche vor sich hat. Und doch kann das Rottenbucher Gotteshaus der zehn Kilometer entfernten Wieskirche durchaus das Wasser reichen.
Freilich musste sich der Wessobrunner Joseph Schmuzer bei der Barockisierung der spätgotischen Klosterkirche streng an die architektonischen Vorgaben halten. Er schlug nur die Kreuzrippen ab, verschliff die Spitzbögen der Joche, vergrößerte die Fenster. Und dann legte er mithilfe seines Sohnes los. Muscheln, Schnecken und

Girlanden in Weiß, Gold und zartem Rosa überrankten Gewölbe und Säulen und lösten ihre gotische Strenge in barocke Heiterkeit auf. Im Chor und im Querschiff ballt sich das Schmuckwerk. Im Langhaus setzte der Meister sparsamere Akzente und erreichte dadurch eine harmonische Symmetrie. Wie in Schongau schnitzte Franz Xaver Schmädl dazu Kanzel und Altäre, während Matthäus Günther die Fresken auf den frischen Putz malte. »Mariä Geburt« ist das Gotteshaus gewidmet – wie eine Theaterszene stellt Schmädl dieses Ereignis dar. Gottvater sendet Maria auf die Erde, deren Sohn durch seinen Kreuzestod die Welt erlösen wird. Unten erwarten die Eltern Anna und Joachim dieses Geschenk des Himmels. Es ist das erste Großwerk des Weilheimers, der in der Kirche auch einem Vorbild huldigt. Er schnitzte den Rahmen für eine Madonna, die vermutlich von Erasmus Grasser stammt. Irgendwie verbindet beinahe jeder in Bayern diese Barockseligkeit mit der Sehnsucht nach Bier und Schweinsbraten. Roland Mendl, der Wirt des Gasthauses »Zum Koch« am Klosterhof, weiß das sehr wohl. In der Küche wartet er schon mit einem Krustenbraten, der auf seine Weise auch ein Meisterwerk ist.

Schon von Weitem grüßt der freistehende Turm der Rottenbucher Klosterkirche am Hochufer des Ammertals. Von der einst umfangreichen Klosteranlage blieben nur wenige Gebäude erhalten.

Wer danach Lust auf Bewegung verspürt, der sollte über die Echelsbacher Brücke nach Bad Bayersoien fahren. Von einem Parkplatz westlich des Dorfs kann man hinab in die Ammerschlucht steigen. Nach eineinhalb Stunden Kraxelei steht man vor den »Schleierfällen«: Wie ein Perlenvorhang rieselt das Wasser in Etagen herab, bildet Grotten und Friese. Beinahe könnte man meinen, die Wessobrunner Stuckateure hätten sich hier einst ihre Anregungen geholt. Doch es ist die Natur, die in der Schlucht als Baumeister wirkt. Das kalkhaltige Wasser überkrustet die Moospolster und lässt sie erstarren, darauf sprießt dann wieder neues Leben. Auch ein guter Platz, um über die Ewigkeit nachzudenken …

RESTAURANTS & GASTSTÄTTEN

In der »Blauen Traube« in Schongau serviert Küchenchef Arthur Grimm sein »Ratsherren-Menü«.

Turmschänke im Bayertor
Alte Bergstraße 448
86899 Landsberg
Tel. 08191/12293

■ Originelles Abendlokal im schönsten Torturm der mittelalterlichen Stadtbefestigung von Landsberg. Im Sommer sitzt man auch in einem lauschigen Biergarten. Neben Brotzeiten stehen feine warme Gerichte auf der Speisekarte.

Gasthaus Der Adler
Im Forchet 1
86944 Dornstetten
Tel. 08243/966014

■ Der historische Landgasthof am Lech im Süden von Landsberg bezaubert mit seiner liebevoll restaurierten Gaststube und einem verwunschenen Garten. Gekocht wird anspruchsvoll mit frischen Zutaten aus der Region.

Hotel-Gasthof Blaue Traube
Münzstraße 10
86956 Schongau
Tel. 08861/90329
www.hotel-blaue-traube.de

■ Gutbürgerliches Speiselokal und gemütliches Hotel in der Altstadt von Schongau. Serviert werden Spezialitäten der regionalen Küche. Stimmungsvolle Bar unter einem 300 Jahre alten Tonnengewölbe.

Gasthaus Zum Koch
Klosterhof 26
82401 Rottenbuch
Tel. 08867/921195

■ Alteingesessene Dorfwirtschaft in der Nähe der berühmten Stiftskirche von Rottenbuch. Der Wirt Roland Mendl versteht sich auf bayerische Klassiker wie Tellerfleisch oder Schweinsbraten, serviert aber auch hausgemachte Kuchen und Torten.

SEHENSWÜRDIGKEITEN

■ ***Landsberg:*** Besuchen sollte man auf jeden Fall das Rathaus des Barockbaumeisters Dominikus Zimmermann und das zinnenbewehrte mittelalterliche Bayertor. Der Aufstieg über steile Treppen wird mit einer herrlichen Aussicht belohnt. Erst vor Kurzem eingerichtet wurde das Stadtmuseum im ehemaligen Jesuitenkolleg, das neben dem Ausflug in die Historie auch sehenswerte Gemälde und Plastiken bietet. Über die Lechbrücke gelangt man zu dem originellen Mutterturm, in dem das kleine Herkomer-Museum untergebracht ist. Vom anderen Ufer hat man einen schönen Blick auf die Altstadt und auf die Lechstaustufe, mit deren Hilfe seit dem 14. Jahrhundert Wasser zur Energiegewinnung in die Stadt geleitet wurde. Beim Rückweg über die Brücke erblickt man auf der rechten Flussseite einen schlanken Turm, der »Jungfernsprung« genannt wird. Im Dreißigjährigen Krieg sollen sich hier angeblich junge Frauen aus Furcht vor den Schweden in den Tod gestürzt haben.

■ ***Schongau:*** Zu Füßen des Schongauer Stadtbergs liegt in Altenstadt die einzige unverändert erhaltene romanische Gewölbebasilika Oberbayerns mit ihrer strengen Symmetrie. Die Türme sind doppelt so hoch wie der Mittelbau, der wiederum doppelt so hoch und breit ist wie die Seitenschiffe. In der Hauptapsis beeindruckt ein monumentales Kruzifix (um 1200 entstanden), in der südlichen Seitenapside ein figurengeschmückter Taufstein aus derselben Zeit. Ein Fresko an der Nordseite des Chors zeigt den heiligen Michael, dem die Kirche geweiht ist. Eine Besichtigung lohnen in

ALLGEMEINE INFORMATIONEN

Kultur- und Fremdenverkehrsamt
Hubert-von-Herkomer-Str. 73
86899 Landsberg am Lech
Tel. 08191/128246
www.landsberg.de

Tourist Information
Münzstraße 1–3
86956 Schongau
Tel. 08861/214333
www.schongau.de

SEHENSWÜRDIGKEITEN

Schongau das gotische »Ballenhaus« am Marienplatz und die Stadtpfarrkirche Mariä Himmelfahrt, eine der bedeutendsten Barockkirchen des Pfaffenwinkels. Lohnend ist auch der Spaziergang entlang der gut erhaltenen Stadtmauer.

Tourist-Information
Ammergauer Straße 2
86971 Peiting
Tel. 08861/6535
www.peiting.de

■ ***Peiting:*** Von der ehemaligen Welfen-Burg blieben lediglich einige Wälle erhalten. Von der großen Vergangenheit des Ortes lässt heute nur die Stadtpfarrkirche St. Michael etwas erahnen. In ihr sind vor allem die Altäre von Franz Xaver Schmädl bemerkenswert. Die Wallfahrtskirche Maria Egg zeigt mehrere Stilrichtungen vom Hochbarock bis zum ausgehenden Rokoko.

Tourist-Information
Klosterhof 42
82401 Rottenbuch
Tel. 08867/911018
www.rottenbuch.de

■ ***Rottenbuch:*** Schon von Weitem ist der Ort am Turm des ehemaligen Augustiner-Chorherrenstifts zu erkennen. Die Klosterkirche vereint in perfekter Harmonie romanische, gotische und barocke Stilelemente. Nach dem Besuch des Klosters empfiehlt sich ein Abstecher zur nahen Echelsbacher Brücke, die kühn die tiefe Schlucht der Ammer überspannt.

LAMMRÜCKEN MIT WIRSING UND SAVOYER KARTOFFELN

GASTHAUS DER ADLER

1 Backofen auf 160 °C vorheizen. Die Kartoffeln schälen, auf einer Seite einschneiden und in eine Form setzen. Den Parmesan darüberstreuen, die Brühe angießen und die Kartoffeln 50 Minuten im Ofen garen.
2 Die Wirsingblätter von den Strünken befreien und zu Rauten schneiden. Kurz blanchieren und dann kalt abschrecken. Die gehackte Zwiebel in Butter und Olivenöl andünsten, den Wirsing hinzufügen. Die Sahne angießen und alles bei kleiner Hitze 20 Minuten köcheln lassen. Mit Salz, Pfeffer und Muskatnuss abschmecken.
3 Den Knoblauch in der Schale leicht einschneiden, die Schalotten ungeschält halbieren. Beides mit den Rosmarinzweigen und den Cocktailtomaten im Öl andünsten. Die Lammrücken in zwei Portionen auf die Rosmarinzweige legen und auf jeder Seite 1 Minute anbraten. Mit Salz und Pfeffer würzen und im Ofen 15 Minuten bei 80 °C garen.
4 Das Fleisch mit dem Wirsing, den Ofenkartoffeln und den Tomaten anrichten.

Für 4 Personen

BEILAGEN

12 festkochende Kartoffeln
2 EL geriebener Parmesan
1/4 l Fleisch- oder Gemüsebrühe
1 Wirsing
1 große Gemüsezwiebel
50 g Butter
1 EL Olivenöl
200 g Sahne
Salz · Pfeffer aus der Mühle
Muskatnuss

FLEISCH

4 Knoblauchzehen
2 Schalotten
4 Zweige Rosmarin
12 Cocktailtomaten
2 EL Raps- oder Distelöl
4 ausgelöste Lammrücken (à 200 g)
Salz · Pfeffer aus der Mühle

ZANDERFILET MIT KÄSESAUCE

TURMSCHÄNKE IM BAYERTOR

Für 4 Personen
12 kleine Kartoffeln
je 50 g Staudensellerie und Zwiebeln
ca. 3 EL Rapsöl
4 Scheiben Weißbrot
200 g Blauschimmelkäse
Salz · Pfeffer aus der Mühle
200 ml Weißwein
250 g Sahne
4 Zanderfilets (à 200 g)
Saft von 1 Zitrone
50 g Butter

1 Die Kartoffeln kochen, abschrecken und pellen. Sellerie und Zwiebel in feine Würfel schneiden und in etwas Öl andünsten. Das Brot entrinden und in Würfel schneiden, die Hälfte des Blauschimmelkäses mit einer Gabel zerdrücken und beides zu dem Gemüse geben. Mit Salz und Pfeffer würzen. Etwa 150 ml Weißwein dazugießen und alles zu einer streichfähigen Farce einkochen lassen.

2 Den restlichen Käses zerkrümeln. Die Sahne erhitzen, den Käse unterrühren und zu einer leicht sämigen Sauce einkochen lassen. Die Sauce mit Pfeffer und nach Belieben etwas Salz abschmecken.

3 Die Fischfilets mit Zitronensaft beträufeln und mit Salz und Pfeffer würzen. In 2 EL Öl auf beiden Seiten goldbraun braten und mit dem restlichen Weißwein ablöschen. Die Filets auf der Hautseite daumendick mit der Käsefarce bestreichen und unter dem Backofengrill überbacken.

4 Die Kartoffeln in der Butter erwärmen und durchschwenken. Die Zanderfilets mit den Kartoffeln und der Käsesauce anrichten und nach Belieben mit einem Salat der Saison servieren.

SCHWEINEBRATEN MIT KARTOFFELSALAT

GASTHAUS ZUM KOCH

Für 4 Personen

SCHWEINEBRATEN

1 kg Schweineschulter oder Wammerl
300 g Schweineknöcherl
Salz · Pfeffer aus der Mühle
2 EL Kümmel
100 g Schweineschmalz
2 Knoblauchzehen
300 g Karotten-, Knollensellerie- und Lauchwürfel
1 Zwiebel
1 Flasche dunkles Bier
1/4 l Fleischbrühe
1 TL Speisestärke

KARTOFFELSALAT

1 kg festkochende Kartoffeln
2 Zwiebeln
1/4 l Fleischbrühe
Zucker
Salz · Pfeffer aus der Mühle
2 EL Essig
4 EL Öl

1 Für den Schweinebraten das Fleisch mit der Schwarte nach oben in einen Topf mit kochendem Wasser legen und 15 Minuten zugedeckt garen. Dann die Schwarte mit einem Teppichmesser rautenförmig einschneiden. Die Knöcherl salzen, pfeffern, mit der Hälfte des Kümmels bestreuen und in 50 g Schweineschmalz kräftig anbraten.
2 Den Backofen auf 160 °C vorheizen. Das Fleisch (aber nicht die Schwarte!) mit Salz, Pfeffer, dem zerdrückten Knoblauch und dem restlichen Schmalz einreiben. Die Schwarte mit dem restlichen Kümmel würzen. Schweineknöcherl, Wurzelgemüse und die geviertelte Zwiebel (mit Schale) in einen Bräter geben. Das Fleisch daraufsetzen und etwas Dunkelbier angießen. Den Braten 2 Stunden im Ofen garen, dabei das Fleisch immer wieder mit Bier übergießen. 20 Minuten vor Ende der Garzeit das Fleisch aus dem Bräter nehmen und die Schwarte mit Salz würzen. Den Backofengrill einschalten, das Fleisch wieder in den Ofen geben und die Kruste knusprig übergrillen. Knöcherl und Gemüse mit der Brühe aufgießen und leicht einkochen lassen. Die Sauce durch ein Sieb passieren und mit der Stärke binden. Mit Salz und Pfeffer abschmecken.
3 Für den Kartoffelsalat die Kartoffeln kochen, pellen, in Scheiben schneiden und mit den gehackten Zwiebeln vermischen. Mit der lauwarmen Brühe übergießen und mit etwas Zucker, Salz, Pfeffer und Essig abschmecken. Den Kartoffelsalat ziehen lassen und erst kurz vor dem Servieren das Öl untermischen.

REHKEULE IN WACHOLDERRAHM

HOTEL-GASTHOF BLAUE TRAUBE

Für 6 Personen
1 ausgelöste Rehkeule
8 Wacholderbeeren
4 Lorbeerblätter
1 l Rotwein
Salz · Pfeffer aus der Mühle
2 EL Raps- oder Distelöl
je 150 g Karotten-, Zwiebel- und Knollenselleriewürfel
1 EL Tomatenmark
1/2 l Wildfond
4 Nelken
2 Zweige Rosmarin
1 Knoblauchzehe (geschält)
2 EL Preisbeermarmelade
250 g Sahne
1 TL Speisestärke

1 Die Rehkeule über Nacht mit den angedrückten Wacholderbeeren und den Lorbeerblättern im Rotwein beizen.

2 Das Fleisch aus der Beize nehmen und trocken tupfen, mit Salz und Pfeffer würzen. Die Beize beiseitestellen. Das Öl in einem Schmortopf erhitzen und das Fleisch darin rundum scharf anbraten. Aus dem Topf nehmen und das Wurzelgemüse im Bratfett anrösten. Das Tomatenmark unterrühren. Den Wildfond in drei Portionen dazugießen und jeweils einkochen lassen. Dann die Beize samt den Gewürzen hinzufügen. Nelken, Rosmarin, Knoblauch und Preiselbeermarmelade dazugeben. Das Fleisch wieder in den Topf setzen und bei kleiner Hitze zugedeckt 2 Stunden köcheln lassen.

3 Das Fleisch herausnehmen und abgedeckt 5 Minuten ruhen lassen. Die Sauce durch ein Sieb passieren und mit der Sahne aufschlagen. Die Sauce mit der in kaltem Wasser angerührten Stärke binden und noch einmal erwärmen. Mit Salz und Pfeffer abschmecken.

4 Das Fleisch in etwa fingerdicke Scheiben schneiden und mit der Sauce übergießen. Nach Belieben mit Semmelknödeln oder Spätzle, Rotkraut und einer Preiselbeerbirne servieren.

Schönach-Nudla (Quarknudeln)

Von privat

Für 4–6 Personen
20 g Hefe
1 TL Zucker
1/4 l Milch
450 g Mehl
1 Ei
1 Eigelb
1 TL Salz
500 g Speisequark
1 kg Butterschmalz zum Ausbacken

1 Aus der Hefe, dem Zucker und 4 EL lauwarmer Milch ein »Dampferl« anrühren. Das Mehl in eine Rührschüssel sieben und eine Mulde hineindrücken. Die Hefemischung in die Mulde gießen und mit etwas Mehl verrühren. Zugedeckt 20 Minuten gehen lassen.

2 Den Vorteig mit allen restlichen Zutaten bis auf den Quark gut verrühren, bis der Teig Blasen wirft und sich vom Schüsselrand löst. Nochmals 10 Minuten gehen lassen. Den Quark unterrühren und noch einmal 10 Minuten gehen lassen.

3 Aus dem Teig mit einem großen Esslöffel Nocken abstechen und auf der bemehlten Arbeitsfläche zu länglichen »Nudla« rollen. Die Nudeln zugedeckt 10 Minuten ruhen lassen.

4 In einer Reine das Butterschmalz erhitzen. Die Quarknudeln der Länge nach mit einem scharfen Messer aufschneiden und die Hälften etwas auseinanderziehen. Die Nudeln im heißen Schmalz goldbraun ausbacken und auf Küchenpapier abtropfen lassen. Dazu schmeckt Zwetschgen- oder Kirschkompott.

Von WILDSTEIG nach FÜSSEN

Mit der Wieskirche schuf Dominikus Zimmermann sein Meisterwerk. Das äußerlich schlichte Gotteshaus ist im Inneren eine Sinfonie aus Licht, filigraner Architektur und ornamentalem Schmuck – die Vollendung des Rokoko.

Mit einem spektakulären Finale endet die Romantische Straße. Hinter den Hügeln von Wildsteig öffnet sich das Wunder der Wieskirche. In Steingaden mit dem Welfenmünster nahm es seinen Ausgang. Durch den Trauchgau führt uns der Weg nach Schwangau und zu den Königsschlössern. Die alte Kaiserstadt Füssen nimmt uns gefangen, und im Festspielhaus am Forggensee kehrt Märchenkönig Ludwig II. zurück.

»Schmuckkästchen Bayerns« nennt sich das Bauerndorf Wildsteig. Wenn man die Kirche auf dem Hügel sieht, die prächtigen Höfe rundherum und dahinter die Ammergauer Berge, dann mag man das gerne unterschreiben. Im Wildsteiger Gotteshaus St. Jakob kann man sehen, wie das Rokoko endete. Der Wessobrunner Meister Thassilo Zöpf und sein Schüler Edmund Doll passten sich 1785 mit ihrem Stuck nun der klassizistischen Mode an.

Die Fresken steuerte ein Künstler aus dem nahen Passionsdorf Oberammergau bei: Franz Zwinck, der beste und fleißigste aller oberbayerischen Lüftlmaler.

Das Wunder der »Wies«

Nur ein paar Kilometer nach Süden, und wir stehen vor dem meisterhaften Schlussakkord des Rokoko, der in aller Welt berühmten Wieskirche. Schon ihre Geschichte ist wundersam genug: Zwei Mönche des Klosters Steingaden fertigten für die Karfreitagsprozession eine Figur des gegeißelten Heilands. Wegen ihres armseligen Aussehens wurde sie nur einmal mitgetragen und verschwand auf dem Speicher des Klosterwirts. Dort wurde sie 1738 von der Wiesbäuerin Maria Lory auf ihren Hof geholt. Sie und ihr Mann sahen Tränen in den Augen des Heilands. Eine kleine Kapelle wurde gebaut, doch sie konnte bald den Strom der Wallfahrer nicht mehr fassen. So entschloss sich der Steingadener Abt zum Bau einer neuen Kirche auf der Wies.

Und ein zweites Wunder geschah. Dominikus Zimmermann schuf zusammen mit seinem Bruder Johann Baptist die schönste aller Rokokokirchen. Der Baumeister und der Maler holten den Himmel auf die Erde. Johann Baptists Fresken erwecken den Eindruck einer ins Unendliche aufstrebenden Kuppel. Dabei ist sie eine flache Holzkonstruktion, mit der Dominikus Zimmermann Gewicht sparte und so einen von Licht durchfluteten

Sankt Coloman

Wie die Wieskirche liegt St. Coloman idyllisch von Wiesen umgeben nordöstlich von Schwangau. Im Hintergrund erheben sich die Königsschlösser und die Berge. Coloman war ein irischer Pilger, der 1012 auf dem Weg ins Heilige Land bei Wien gemartert und getötet wurde. Nach der örtlichen Überlieferung soll der Schutzpatron gegen die Pest am Ort des heutigen Kirchleins gerastet haben. Der Barockbau von Johann Schmuzer ist am zweiten Sonntag im Oktober das Ziel eines malerischen Pferdeumritts mit Feldmesse und Segnung. Danach gibt es Würstl, Bier und Brezen, und die Blaskapellen gehen dann von frommen Chorälen zum Landler über.

Innenraum gewann. Über eine Million Menschen besuchen jährlich die Wieskirche. Wenn sie sich Zeit nehmen und der Rummel nicht zu groß ist, spüren sie vielleicht, was der Bauherr, Abt Marianus Mayer, gefühlt hat: »Hoc loco habitat fortuna, hic quiescit cor« – »An diesem Ort wohnt das Glück, hier kommt das Herz zur Ruhe«. Oder er empfindet mit dem Dichter Peter Dörfler: »Die Wies ist ein Stück Himmel auf dieser leidvollen Erde.« Dominikus Zimmermann wollte sich von seinem Werk nicht mehr trennen. Als die »Wies« 1754 vollendet war, baute er sich unterhalb der Kirche ein Haus und wohnte dort bis zu seinem Tod im Jahr 1766. In dem stattlichen Bau mit barocker Lüftlmalerei ist heute der »Gasthof Schweiger« untergebracht; die Schweigers sind direkte Nachfahren Zimmermanns. Pächter Andreas Linder ist sich der Verantwortung bewusst, an solch historischer Stätte den Kochlöffel zu schwingen. Was seine Küche verlässt, kommt aus den Wäldern und Seen oder von den Bauern rund um die »Wies«. Seine Rehmedaillons auf Kirschsauce mit Butterspätzle sind des berühmten Baumeisters auf jeden Fall würdig.

Johann Baptist Zimmermann malte das Deckenfresko der »Wies«: Christus öffnet den Himmel, um die Welt zu erlösen. Zwischen Hoffen und Bangen erwartet die Menschheit diesen letzten Tag.

Des Welfenherzogs fromme Stiftung

Wie die Basilika von Altenstadt bei Schongau ist auch das Münster Steingaden mit seinen charakteristischen Doppeltürmen romanischen Ursprungs. Herzog Welf VI. gründete das Kloster im Jahr 1147 und übergab es den Prämonstratensern. Den Reformorden hatte der heilige Norbert von Xanten erst 25 Jahre zuvor im nordfranzösischen Prémonté ins Leben gerufen. Steingaden war damit eines der ersten Klöster dieser Gemeinschaft von Priestermönchen in Altbayern.

Das Welfenmünster ist deshalb so interessant, weil es alle Stilformen von Romanik und Gotik über das Hochbarock bis zum Rokoko zeigt. Große Namen wirkten an seiner Ausstattung mit: Dem Wessobrunner Franz Xaver Schmuzer wird der Rocaille-Stuck zugeschrieben; von dem Augsburger Johann Georg Bergmüller stammt die Ausmalung des Mittelschiffs mit der Geschichte Norberts und seines Ordens; der Münchner Hofkünstler Johann Baptist Straub goss die vergoldeten Epitaphe der welfischen Klostergründer. Ein Prachtstück des Rokoko ist die Kanzel des Füsseners Anton Sturm mit ihrem muschelförmigen Korb und dem durchbrochenen Schalldeckel. Schlossartig wirkt der »Gasthof Graf« in Steingaden mit seinen rot-weiß gestreiften Fensterläden. Er gehörte einstmals dem Besitzer der Klosterbrauerei, dem Grafen Dürkheim-Montmartin. Seit drei Generationen ist die Familie Graf hier um das Wohl ihrer Gäste besorgt. Natürlich stehen bayerische Schmankerl mit Fleisch aus der eigenen Metzgerei auf der Tagesordnung. Juniorchef Albert Graf schwindelt ab und zu moderne, leichte Gerichte wie seine hausgebeizten Lachsforellenfilets darunter.

Das Steingadener Welfenmünster mit seinen romanischen Doppeltürmen spiegelt die Baustile bis zum Rokoko wider.

Der »Balkon des Trauchgaus«

An den Trauchgau im Süden Steingadens reichen schon die bewaldeten Rücken des Ammergebirges heran. Der »Halblech« führt hier dem Lech das Bergwasser zu. Er hat dem Zusammenschluss von drei Dörfern auch seinen Namen gegeben. Zu Fuß, mit dem Mountainbike oder bequem mit dem Sessellift kommt man von Buching hinauf zur Buchenberg-Alm. Die Gleitschirmflieger starten von diesem Aussichtsplateau, aber auch auf der Terrasse des Berggasthofs liegt einem die Seenlandschaft zwischen Füssen und Schwangau zu Füßen. Die Wirte Jochen Herb und Christian Lax servieren zur Stärkung des Wanderers ein deftiges Almschnitzel mit Spätzle, Emmentaler und Speck. Das kann man später auf dem Panoramaweg zum Tegelberg wieder abarbeiten.

Dort darf man dann in der Kabine der Tegelbahn wieder zu Tale schweben und befindet sich rund um Schwangau mitten im König-Ludwig-Land. Doch es war Ludwigs Vater Max II., der als 18-jähriger Kronprinz bei einem

Jagdausflug diese Idylle zwischen Bergen und Seen für sich entdeckte. Für 7000 Gulden erwarb er 1832 die Ruine der Burg Schwanstein und ließ im Stil des romantischen Historismus Schloss Hohenschwangau errichten. Maler bevölkerten nach Entwürfen Moritz von Schwinds die Wände mit den Taten der Welfen, Wittelsbacher und Staufer. Zu ihnen traten die Figuren der deutschen Sagenwelt, allen voran Lohengrin, der Schwanenritter.

König Ludwigs Stein gewordener Traum

In dieser Umgebung wuchs Ludwig auf, der – ebenfalls 18-jährig – nach dem frühen Tod des Vaters den bayerischen Königsthron bestieg. Schon vier Jahre später, 1868, berichtete er Richard Wagner von dem Plan, gegenüber von Hohenschwangau eine echte deutsche Ritterburg zu bauen. Gesagt, getan – im Jahr darauf wurde mit dem Werk begonnen. Der Bau von Neuschwanstein setzte nun 17 Jahre bis zu 300 Maurer, Steinmetze, Zimmerleute und Hilfsarbeiter in Lohn und Arbeit. Am 5. September 1869 wurde der Grundstein gelegt. Als Erstes stellte man bis 1873 den Torbau fertig, in dem der König bei seinen Besichtigungen der Baustelle wohnte. Doch dann ging es nicht mehr so recht voran. Denn Ludwig wollte immer mehr. An Stelle der Gästezimmer sollte nun ein »maurischer Saal« mit Springbrunnen entstehen. Das Audienzzimmer wuchs sich zum »Thronsaal« aus. Er sollte an die Gralshalle gemahnen, an der König Artus mit seiner Tafelrunde zechte. Aus dem Schreibzimmer wurde eine verwunschene Grotte. Und im Palas, dem Wohntrakt, wollte der Monarch ein »Ritterbad« eingebaut haben.

Als am 11. Juni 1886 um Mitternacht die »Fangkommission« im Schlafzimmer von Neuschwanstein den angeblich umnachteten König festsetzte und ihn auf seine

Ammergebirge

Das Ammergebirge war früher königliches Jagdrevier; es beginnt am Loisachtal bei Garmisch und endet am Lech zwischen Wildsteig und Füssen. Es rahmt einen Talgrund mit dem Passionsdorf Oberammergau, Schloss Linderhof und Kloster Ettal ein. Dieses größte bayerische Naturschutzgebiet ist wenig mit Liften erschlossen. Auch Almen gibt es hier kaum, dafür urtümliche Bergwälder mit kleinen Hochmooren. Weil die Gipfel nicht so hoch und die Talorte relativ gut erreichbar sind, eignet sich das Ammergebirge ideal für Tagesausflüge.

»letzte Reise« an den Starnberger See schickte, war das Schloss immer noch eine Baustelle. Bereits sechs Wochen nach Ludwigs Tod wurde Schloss Neuschwanstein für Besucher geöffnet. Einiges stellte man noch fertig, auf den Bergfried mit der Burgkapelle wurde verzichtet. Mit Ludwigs geheimnisumwittertem Ende setzte die Legendenbildung ein, die bis heute den Ansturm auf Neuschwanstein befeuert. Durchschnittlich 1,3 Millionen Besucher zählt man in jedem Jahr.

Schloss Neuschwanstein thront auf einem schmalen Bergrücken an der Pöllatschlucht. Vorbild war die zur selben Zeit »rekonstruierte« Wartburg bei Eisenach, die Ludwig und sein Bruder Otto im Jahr 1867 besucht hatten.

Am Ufer des Forggensees bei Füssen steht das Festspielhaus Neuschwanstein mit seiner modernen Architektur. Hier, mit gutem Blick auf Neuschwanstein, wird seit dem Jahr 2000 weiter am Mythos Ludwig gewebt. Das Musical »Ludwig II. – Sehnsucht nach dem Paradies« sahen 1,5 Millionen Gäste. Inzwischen gibt es eine modernere Version, zu der Konstantin Wecker die Musik geschrieben hat. Auch im Libretto von Rolf Rettberg bleibt die Verschwörungstheorie nicht ausgeschlossen, dass Ludwig gemeuchelt oder zumindest in den Tod getrieben wurde. König Ludwig war ein Feinschmecker, auch wenn er manchmal des Guten etwas zu viel tat und am Ende seines Lebens schwergewichtig wurde. Seine kulinarischen Vorlieben sind bekannt, nicht nur durch die Erinnerungen des Hofkochs Theodor Hirneis, sondern auch durch zahlreiche Menükarten. Sein letztes Geburtstagssouper im Jahr 1885 hat man nachgekocht: ein aufgeschlagenes Kräutersüppchen, Krebse in Calvadossahne sowie Rinderbraten mit Pilzsauce und gebratenen Kräuterknödeln. Es folgte dann ein Eispunsch zur Entspannung, bevor es mit Lammlende, gebackenem Eierschnee und Eis auf Schokoladensauce weiterging. Da kann – wenn auch nur kalorienmäßig – das Ludwigsmenü nicht mithalten, das Küchenchef Michael Mehner den Musicalbesuchern im Restaurant des Festspielhauses serviert: eine Edelfischterrine mit Saiblingskaviar, Lammkarree an Rotweinglace und eine Variation von Sorbets auf marinierten Früchten.

Königsschlösser

Linderhof und Herrenchiemsee hatten barocke Vorbilder. Bei den Schlössern von Schwangau bedienten sich Max II. und sein Sohn Ludwig jedoch der Stilepochen des Mittelalters, der Gotik und der Romanik. Sie waren damit keine Sonderlinge, sondern entsprachen dem Zeitgeist. In England feierte der Tudorstil fröhliche Urständ, in München wurde zwei Jahre vor dem Bau

von Neuschwanstein mit dem neugotischen Rathaus begonnen. Die Romantik der Ritterzeit war nun angesagt. Bezeichnenderweise beauftragte Max II. daher den Maler Domenico Quaglio mit der Leitung des Umbaus von Hohenschwangau. Der Architekt Georg Friedrich Ziebland war ihm untergeordnet. Umgeben von Fresken aus der deutschen Historie und Sagenwelt, verbrachte Ludwig II. seine Kindheit und Jugend. »Hier im geliebten Hohenschwangau verlebe ich herrliche Tage«, schrieb er an seine Erzieherin in München. Ludwigs Mutter Marie wohnte nach dessen Tod noch drei Jahre im Schloss.

Ein Tempel für den Freund

»Schöner und wohnlicher« als Hohenschwangau werde Neuschwanstein, versprach Ludwig 1868 dem Komponisten Richard Wagner, »ein würdiger Tempel für den göttlichen Freund«. Wieder war es ein Theatermaler, Christian Jank, der dazu den Idealentwurf lieferte. Des Königs Wunsch, nach drei Jahren hier einzuziehen, erfüllte sich allerdings nicht. 17 Jahre später – bei seinem Tod – war das Schloss immer noch nicht fertig. Was nicht zuletzt an Ludwig selbst lag, der Pläne immer wieder umwarf. Dabei wurde mit modernster Technik gearbeitet. Der Thronsaal beispielsweise ist eine ummantelte Stahlkonstruktion; das Baumaterial wurde mit Dampfkränen transportiert. Dagegen war die Küche schon komplett eingerichtet: mit fließendem Warm- und Kaltwasser, automatischen Drehspießen und einem Speiseaufzug. Während der gesamten Bauzeit weilte der König lediglich 172 Tage auf Neuschwanstein. Als er starb, war erst ein Drittel der Räume fertiggestellt. Anders als sein Vater Max wollte Ludwig sein Schloss übrigens niemals der Öffentlichkeit zugänglich machen. Auch das kam anders ...

Umrahmt von Bergen und Seen

Das Dorf Schwangau hat wesentlich mehr zu bieten als nur die Königsschlösser. Schon Ludwig fühlte das: »Dies ist einer der schönsten Plätze, die zu finden sind.« Und sein Vater schwärmte: »Hier bin ich geboren, hier weht noch der Atem meiner Ahnen.« Tatsächlich lässt sich kaum eine idealere Kulisse als die Umgebung von Schwangau vorstellen: Vier Seen umrahmen den Ort im Norden, Westen und Süden. Im Osten erhebt sich das Ammergebirge mit wilden Felszacken, die aus dunklen Bergwäldern aufsteigen. Hier kann man gut wandern, bergsteigen und im Winter einsame Skitouren machen. Schwangau ist auch heilklimatischer Kurort, der viele Leiden bessert. Das war bereits zu Maxens und Ludwigs Zeiten so, die beide an Migräne litten. Aber auch ein gesunder Genießer fühlt sich hier gleich noch wohler. Das bewirkt neben Landschaft und Klima eine ausgezeichnete Gastronomie. Im Hotel »Helmerhof« gibt es beides: Aromawickel und Algenmaske für Gesundheit und Schönheit, aber auch einen Ochsenbraten mit Pfifferlingsknödel und Bayerisch Kraut für Genießer, die dem Leib auf diese Weise etwas Gutes tun wollen. Der saftige Braten hat es in sich. Denn der Bruder des Wirts Christoph Helmer ist Bauer und treibt seine Weideochsen auf die blühenden Bergwiesen am Bannwaldsee. Da kann man die herrliche Natur des Königswinkels nicht nur schauen und riechen, sondern auch schmecken.

Grandiose Aussichtskanzel im Ammergebirge: Vom Tegelberg blickt man auf den Bannwaldsee und den Forggensee bei Schwangau.

Sprung über die Schlucht

Südlich von Füssen, an der Grenze zu Tirol, zwängt sich der Lech durch die Felsen und stürzt in einem zwölf Meter hohen Wasserfall zu Tal. Als sich der Fluss hier am Ende der Eiszeit einen Weg bahnte, lief ein riesiger See aus, der einstmals bis nach Pfronten reichte. Der Legende nach sprang hier, von mörderischen Heiden verfolgt, der heilige Magnus über die Schlucht. Eine versteinerte Muschel im Felsen wurde als Fußabdruck des tapferen Gottesmannes gedeutet.

In Füssen lebte der Mönch aus St. Gallen als Einsiedler. Nach seinem Tod um das Jahr 750 entwickelte sich seine Zelle im Laufe der Jahrhunderte zum heutigen St.-Mang-Kloster. Magnus stieg zum Schutzpatron des Allgäus auf, und sein Pilgerstab kam auch ohne den Heiligen noch weit herum. Denn wenn irgendwo eine Mäuse- oder Raupenplage ausbrach, sprach man im Füssener Kloster vor. Mit dem Magnusstab machte sich dann der Kustos zur Schädlingsbekämpfung auf. Er rammte den Stecken vier Mal in den Boden, sprach einen Exorzismus, erteilte den Flursegen, und die Seuche war gebannt. Selbst in Südtirol kam der Magnusstab zum Einsatz, wie ein Pater aus dem Jahr 1643 berichtete: »Wo des Heiligen Stab unter Anrufung des frommen Abtes hinkam, blieben die Trauben sieben Jahre vom Schimmel verschont.« Nach der Säkularisation im Jahr 1804 wurde der Stab von Amts wegen konfisziert, aber 1822 den Füssenern wieder zurückgegeben. Noch heute wird der Magnusstab am Namenstag des Heiligen, dem 6. September, und am Dienstag nach Pfingsten in einer Prozession durch die Stadt getragen.

Wie zu Kaiser Maximilians Zeiten lädt die Füssener Altstadt zum Bummeln ein. Geschäfte und Straßencafés geben ihr ein beinahe südländisches Flair.

Ein Kaiser als Stammgast

Seit der Lech das Loch in den Felsen gerissen hatte, war Füssen das Tor nach Tirol und Italien. Die römischen Legionäre nannten den Engpass »Fauces«, »Schlund«, und gaben damit der Stadt ihren Namen. An der Stelle des Kastells steht heute das Hohe Schloss, mit dem St.-Mang-Kloster das Wahrzeichen Füssens. Im Jahr 1313 verpfändete Kaiser Heinrich die Vogtei Füssen den Augsburger Bischöfen. Weil diese ihr Geld nie zurückbekamen, blieb es dabei. Bis 1503 wuchs die Burg zu einer ansehnlichen Sommerresidenz der Augsburger. Das war praktisch für Kaiser Maximilian, den »letzten

Ritter«, den Politik und Geldgeschäfte von der Residenzstadt Innsbruck häufig in die Fuggerstadt führten. Während seiner Regierungszeit kam er 36-mal durch Füssen und blieb dann gern bei den Bischöfen eine Weile zu Gast. Der Rittersaal des Hohen Schlosses und die Stadt Füssen haben rauschende Feste erlebt, denn Maximilian barg viele Talente in seiner Brust. Er dichtete und beherrschte perfekt die mittelalterlichen Turnierkünste. Er bildete auch die modernen Landsknechtheere aus und knüpfte in Füssen geschickt seine politischen Fäden, die von Spanien über Frankreich bis nach Ungarn reichten. Jeden Sommer ehren die Füssener den großen Herrscher, der zu kämpfen, aber auch gut zu leben wusste, mit einem Kaiserfest und dem Kaisermarkt. Wo also könnte unsere Schlemmerreise entlang der Romantischen Straße besser enden als in diesem Landstrich, der Leib und Seele von Kaisern und Königen labte. Da hatte Ludwig II. im Brief an seinen Freund Richard Wagner recht: Der Königswinkel des Allgäus ist sicher einer der schönsten Flecken, die auf dieser Erde zu finden sind.

Das Hohe Schloss und das St.-Mang-Kloster beherrschen das Stadtbild von Füssen. Beide beherbergen heute sehenswerte Museen.

Burg Falkenstein

Während des Baus von Neuschwanstein hegte Ludwig II. noch einen weitaus fantastischeren Plan: Er wollte auf dem 1268 Meter hohen Falkenstein zwischen Füssen und Pfronten ebenfalls eine Ritterburg errichten. 1884 kaufte er den steilen Felsen samt Ruine, Christian Jank zeichnete wie für Neuschwanstein einen Entwurf. Eine Zufahrtsstraße und eine Wasserleitung wurden gebaut, aber dabei blieb es. Die bayerische Regierung wollte wegen 14 Millionen Gulden Schulden in der Staatskasse keinen Heller mehr herausrücken. So kann man heute nur zu Deutschlands höchstgelegener Burgruine hinaufsteigen.

RESTAURANTS & GASTSTÄTTEN

Wo Fleisch und Wurst wie im Gasthof Graf aus der eigenen Metzgerei kommen, kehrt man gern ein.

Buchenberg Alm
Füssener Straße 19
87642 Halblech/Buching
Tel. 08368/940763
www.buchenberg-alm.de

■ Berggasthof mit fantastischer Aussicht auf die Seen des Trauchgaus und die Ammergauer Berge. Serviert werden Allgäuer Schmankerl und deftige Brotzeiten. Kinderspielplatz und viele Wandermöglichkeiten.

Gasthof Schweiger
Wies 9
86989 Steingaden-Wies
Tel. 08862/500
www.gasthof-schweiger-wieskirche.de

■ Der Gasthof war einst das Wohnhaus von Dominikus Zimmermann, dem Baumeister der Wieskirche. Die gutbürgerliche Küche wurde vom bayerischen Staat als vorbildlich ausgezeichnet. Torten und Kuchen kommen aus der hauseigenen Konditorei.

Gasthof Graf
Schongauer Straße 15
86989 Steingaden
Tel. 08862/246
www.gasthof-graf.de

■ Der traditionsreiche Gasthof in der Ortsmitte von Steingaden ist seit mehreren Generationen in Familienbesitz. Wurstwaren und Fleisch kommen aus der eigenen Metzgerei. Im Sommer sitzt man im schattigen Biergarten.

Hotel-Pension Helmerhof
Frauenbergstraße 9
87645 Schwangau-Horn
Tel. 08362/8069
www.helmerhof.de

■ Das Haus im alpenländischen Stil liegt malerisch am Zufluss des Lechs in den Forggensee. In der Gaststube mit sonnigem Wintergarten werden bayerisch-schwäbische Spezialitäten mit Fleisch aus der eigenen Landwirtschaft serviert.

SEHENSWÜRDIGKEITEN

■ *Wildsteig:* Vor dem herrlichen Panorama der Ammergauer Berge liegt das kleine Dorf in den sanften Wellen des Voralpenlandes. Außer Entspannung und Erholung findet man hier aber auch einen Kunstschatz: Die Kirche St. Jakob mit Fresken und Stuck der »Wessobrunner Schule« ist ein Beispiel für das ausgehende Rokoko.

■ *Wieskirche und Steingaden:* Der Name verspricht nicht viel – inmitten blühender Wiesen vor schöner Bergkulisse liegt die berühmte Wallfahrtskirche der Brüder Dominikus und Johann Baptist Zimmermann. Besondere Feiertage sind der Beginn der Wallfahrtssaison am 1. Mai und die Trachtenwallfahrt des Lechgaus am Pfingstmontag. Von Mai bis Oktober ist immer mittwochs Wallfahrertag, der um 10 Uhr mit einer Messe gefeiert wird. Dann finden auch um 11 und 15.15 Uhr Kirchenführungen statt. Das ganze Jahr über – besonders im Sommer – wird die Wieskirche für Konzerte genutzt. Der »Festliche Sommer in der Wies« und die »Musik im Pfaffenwinkel« ziehen Tausende von Musikliebhabern an. Eine Besichtigung des Münsters Steingaden ist eine Zeitreise durch alle Stilepochen von der Romanik bis ins Rokoko. Sein äußeres Erscheinungsbild, die Säulen des Kreuzgangs und zwei Kapellen spiegeln noch die Gründerzeit (1147) wieder. Spätgotisch sind die Vorhalle und der Kreuzgang. Aus der Renaissance-Zeit stammen das Chorgestühl und die Fresken an der Nordwand. Frühbarock sind der Hochaltar und die Seitenaltäre. Zur 600-Jahr-Feier der Klostergründung bekam die Kirche dann noch ein festliches Rokokokleid.

ALLGEMEINE INFORMATIONEN

Tourist-Information
Kirchbergstraße 20 a
82409 Wildsteig
Tel. 08867/293
www.wildsteig.de

Einen Überblick über alle Termine gibt die Website www.wieskirche.de.
Die »Wies« ist im Sommer 8–19 Uhr, im Winter 8–17 Uhr zu besichtigen.
Wie in allen Kirchen gibt es Einschränkungen durch die Gottesdienstzeiten.

SEHENSWÜRDIGKEITEN

Tourist Information
Münchener Straße 2
87645 Schwangau
Tel. 08362/81980
www.schwangau.de

Geöffnet April–Sept. 9–8 Uhr,
Okt.–März 10–16 Uhr
Das Ticketcenter im Ort Hohenschwangau öffnet und schließt jeweils eine Stunde früher.
Tel. 08362/930830
www.neuschwanstein.de

Füssen Tourismus und Marketing
Kaiser-Maximilian-Platz 1
87629 Füssen
Tel. 08362/93850
www.fuessen.de

■ *Schwangau und Königsschlösser:* Hohenschwangau steht zu Unrecht im Schatten von Neuschwanstein. Durch die Fresken im Schloss wurde die Fantasiewelt des jungen Ludwig geprägt – sie machen Neuschwanstein erst verständlich. Beim Besuch von Neuschwanstein sollte man einkalkulieren, dass 1,3 Millionen Besucher pro Jahr gut 3500 pro Tag bedeuten – und im Sommer noch einige mehr. Man bekommt eine Zeit zugewiesen und sollte deshalb rechtzeitig da sein. Ein Muss ist der Aufstieg zur Marienbrücke über die Pöllatschlucht. Von hier aus hat man den besten Blick auf das Märchenschloss. Meist steht dort auch ein Trachtler mit Gamsbart, der sich als Vordergrund ablichten lässt.

■ *Füssen:* Im Mittelalter wichtiger Handelsplatz, ist Füssen heute das touristische Zentrum des Ostallgäus. Überragt wird der Ort von seinem Wahrzeichen, dem Hohen Schloss, eine der größten und bedeutendsten Burganlagen Schwabens. Seine jetzige Gestalt erhielt es um 1500. Im Schloss ist heute eine Galerie der bayerischen Staatsgemäldesammlungen untergebracht, die vor allem Bilder von Allgäuer Meistern zeigt, darunter Darstellungen aus dem Leben des heiligen Magnus. Ebenfalls ein Museum, das Stadtmuseum, beherbergt das barocke St.-Mang-Kloster. Bemerkenswert in der St.-Anna-Kapelle ist der älteste bayerische Totentanz aus dem Jahr 1602, in dem alle Stände – angeführt von Papst und Kaiser – dem Tod folgen müssen. In dem Museum gibt es auch eine virtuelle Rekonstruktion von Schloss Falkenstein, das Ludwig II. plante, jedoch nicht mehr baute.

LAMMKARREE MIT GEFÜLLTER ZUCCHINIBLÜTE

RESTAURANT FESTSPIELHAUS NEUSCHWANSTEIN

1 Für das Gemüse Schalotten und Paprika in keine Würfel, den Knoblauch in feine Scheiben schneiden. Schalotten und Knoblauch in Olivenöl und Butter andünsten, dann die Paprikawürfel und die abgezupften Kräuter dazugeben. 2 EL Wasser hinzufügen, das Gemüse mit Backpapier bedecken und bei kleiner Hitze 30 Minuten garen. Mit Zucker, Salz und Pfeffer würzen. Die Zucchini der Länge nach fächrig aufschneiden und in Salzwasser blanchieren, ohne dabei die Blüten einzutauchen. Die Blüten mit dem Paprikagemüse füllen.

2 Für das Fleisch den Backofen auf 160 °C vorheizen. Das Lammkarree mit Salz und Pfeffer würzen. Olivenöl und Butter mit den Kräutern und dem Knoblauch erhitzen und das Fleisch (am Knochen) darin rundum anbraten. Dann im Ofen 12 bis 15 Minuten fertig garen und zuletzt 15 Minuten zwischen zwei warmen Suppentellern ruhen lassen.

3 Für die Sauce den Rotwein mit den Gewürzen und dem Knoblauch ganz einkochen lassen. Den Kalbsfond auf die Hälfte einkochen lassen und dazugießen. Alles einköcheln lassen und in den letzten Minuten die abgeriebenen Zitrusschalen hinzufügen. Die Sauce durch ein Sieb gießen, mit Salz, Pfeffer und Zucker abschmecken und mit den Butterflöckchen aufschlagen.

4 Das Fleisch vom Knochen lösen, in vier Portionen teilen und diese einmal schräg aufschneiden. Mit dem Zucchini-Paprikagemüse anrichten und das Fleisch mit der Sauce überziehen. Nach Belieben Polenta dazu servieren.

Für 4 Personen

GEMÜSE

3 Schalotten
je 2 rote und gelbe Paprikaschoten
1 Knoblauchzehe
je 2 EL Olivenöl und Butter
je 2 Zweige Thymian und Rosmarin
Zucker
Salz · Pfeffer aus der Mühle
4 Baby-Zucchini (mit Blüten)

FLEISCH

600 g Lammkarree (am Knochen)
Salz · Pfeffer aus der Mühle
je 1 EL Olivenöl und Butter
je 1 Zweig Thymian und Rosmarin
1 Knoblauchzehe (geschält)

SAUCE

1/2 l Rotwein
1 Lorbeerblatt
je 3 Nelken, Wacholderbeeren und Pfefferkörner
10 Korianderkörner
3 Knoblauchzehen (geschält)
1 l Kalbsfond
je 1 TL abgeriebene unbehandelte Zitronen- und Orangenschale
Salz · Pfeffer aus der Mühle
Zucker
ca. 30 g kalte Butterflöckchen

BUCHENBERGER ALMSCHNITZEL

BUCHENBERG ALM

Für 4 Personen

SAUCE

3 Gemüsezwiebeln
200 g Champignons
1 EL Butterschmalz
Salz · Pfeffer aus der Mühle
1/2 l Fleischbrühe
250 g Sahne
100 ml Weißwein
1 EL gehackte Petersilie

SCHNITZEL

4 Schweineschnitzel (vom Rücken)
Salz · Pfeffer aus der Mühle
1/2 EL Butterschmalz
100 g geriebener Emmentaler
8 Scheiben Räucherspeck

1 Für die Sauce eine Zwiebel schälen und in feine Würfel schneiden. Die Champignons in feine Scheiben schneiden. Die Zwiebel in etwas Butterschmalz glasig dünsten, die geschnittenen Pilze dazugeben und mitdünsten. Mit Salz und Pfeffer würzen.

2 Die Brühe und die Sahne dazugießen und bis zur gewünschten Konsistenz einkochen lassen. Die Sauce zuletzt mit etwas Weißwein abschmecken und die Petersilie unterrühren.

3 Die restlichen Zwiebeln schälen und in Streifen schneiden, im restlichen Butterschmalz goldbraun braten.

4 Die Schnitzel mit Salz und Pfeffer würzen und im Butterschmalz auf beiden Seiten scharf anbraten. Die Schnitzel in eine ofenfeste Form setzen, mit dem Emmentaler bestreuen und unter dem Backofengrill überbacken, bis der Käse geschmolzen ist. Währenddessen die Speckscheiben in einer beschichteten Pfanne knusprig braten.

5 Die Schnitzel mit der Sauce, den Speckscheiben und den Röstzwiebeln anrichten. Dazu passen Spätzle.

OCHSENBRATEN MIT BAYRISCH KRAUT

HOTEL-PENSION HELMERHOF

1 Das Fleisch mit Salz und Pfeffer würzen und im Öl rundum kräftig anbraten. Das Fleisch herausnehmen und das Wurzelgemüse im Bratfett anrösten. Das Tomatenmark unterrühren und kurz mitbraten. Ein Drittel des Rotweins dazugeben und einkochen lassen. Den restlichen Wein und den Fond hinzufügen, das Fleisch wieder in die Sauce geben und bei kleiner Hitze zugedeckt 90 Minuten schmoren.

2 Für das Bayrisch Kraut das Weißkraut in Rauten, Speck und Zwiebel in Würfel schneiden. In einem großen Topf Speck und Zwiebel in Butter anbraten, den Zucker dazugeben und leicht karamellisieren lassen. Das Kraut hinzufügen und mit dem Kümmel bestreuen. Die Brühe dazugießen und alles bei kleiner Hitze zugedeckt 1 Stunde köcheln lassen. Eventuell etwas Flüssigkeit (Wasser oder Weißwein) nachgießen.

3 Für die Knödel die Semmelscheiben mit der Milch übergießen. Zwiebel, Pfifferlinge und Petersilie grob hacken. Zwiebel und Pfifferlinge in der Butter anbraten und zu den Semmeln geben. Die Eier und die Petersilie dazugeben, mit Salz, Pfeffer und Muskatnuss würzen. Die Masse gut durchkneten und als etwa 8 cm dicken Strang in ein angefeuchtetes Küchentuch einrollen. Die Enden zusammenbinden und 20 Minuten in siedendem Salzwasser garen.

4 Das Fleisch aus der Sauce nehmen, kurz ruhen lassen und aufschneiden. Die Sauce mit Salz und Pfeffer abschmecken und mit etwas Stärke binden. Mit Knödelscheiben und dem Kraut servieren.

Für 4 Personen

FLEISCH UND SAUCE

1 kg Mäuserl (falsches Filet) vom Weideochsen
Salz · Pfeffer aus der Mühle
2 EL Öl
300 g Lauch-, Karotten- und Knollenselleriewürfel
1 EL Tomatenmark
1/2 l Rotwein
1/2 l Rinderfond
1 TL Speisestärke

BAYRISCH KRAUT

1 Kopf Weißkraut
100 g Räucherspeck
1 Zwiebel
1 EL Butter
je 1 EL Zucker und Kümmel
1/2 l Gemüsebrühe

KNÖDEL

6 Semmeln (in Scheiben geschnitten)
1/2 l lauwarme Milch
1 Zwiebel
250 g Pfifferlinge
1 Bund Petersilie
1 EL Butter
3 Eier
Salz · Pfeffer aus der Mühle
Muskatnuss

REHRÜCKENMEDAILLONS AUF KIRSCHRAHM

GASTHOF SCHWEIGER

Für 4 Personen

SPÄTZLE

500 g Mehl
8 Eier
Salz · Muskatnuss
50 g Butter

GEMÜSE

2 kleine Zwiebeln
3 Rote Rüben
20 g Butter
100 ml Fleisch- oder Gemüsebrühe
Salz · Pfeffer aus der Mühle
1 Msp. Kümmelpulver
50 g Sahne

SAUCE

1 EL Puderzucker
100 g Sauerkirschen (entsteint; ersatzweise aus dem Glas)
30 ml Kirschlikör
100 ml Orangensaft
150 ml Wildfond
1/4 Apfel (geschält und entkernt)
1 TL dunkler Saucenbinder
50 g Sahne

FLEISCH

800 g Rehrücken (ausgelöst)
Salz · Pfeffer aus der Mühle
2 EL Öl
2 Orangen (filetiert)

1 Für die Spätzle Mehl und Eier mit 1/8 l lauwarmem Wasser und je 1 Prise Salz und Muskatnuss zu einem geschmeidigen Teig rühren. In einem großen Topf Wasser mit 1 Prise Salz zum Kochen bringen. Den Teig mit einem Spätzlehobel in das Wasser reiben und einmal aufkochen lassen. Die Spätzle abgießen, kalt abschrecken und abtropfen lassen. Kurz vor dem Servieren die Butter in einer Pfanne zerlassen und die Spätzle darin schwenken. Mit Salz würzen.

2 Für das Gemüse die Zwiebeln in feine Würfel schneiden. Die Rüben schälen und in Stifte schneiden. Beides in der Butter andünsten. Die Brühe hinzufügen und das Gemüse bei kleiner Hitze etwa 20 Minuten köcheln lassen. Mit Salz, Pfeffer und Kümmel abschmecken. Kurz vor dem Servieren die geschlagene Sahne unterheben.

3 Für die Sauce den Puderzucker karamellisieren. Die Kirschen und den Kirschlikör hinzufügen. Mit dem Orangensaft ablöschen und den Wildfond dazugießen. Den Apfel in Scheiben schneiden und kurz mitdünsten. Den Saucenbinder mit etwas kaltem Wasser anrühren und unterrühren. Mit der geschlagenen Sahne verfeinern.

4 Das Fleisch in Medaillons schneiden (3 Scheiben pro Person) und mit Salz und Pfeffer würzen. Das Öl erhitzen und die Medaillons auf jeder Seite 2 Minuten braten. Vom Herd nehmen und weitere 2 Minuten in der Pfanne ziehen lassen.

5 Das Fleisch mit den Spätzle und dem Gemüse anrichten und mit der Sauce überziehen. Mit den Orangenfilets garnieren.

Gebeizte Lachsforellenfilets mit Blattsalaten

Gasthof Graf

1 Für die Beize Salz, Zucker und Gewürze mischen. Die Fischfilets mit der Hautseite nach unten in eine Terrine setzen. Mit der Gewürzmischung bestreuen und die grob gehackten Kräuter darauf verteilen. Essig und Öl mischen und über die Fischfilets träufeln. Den Fisch zugedeckt 2 Tage im Kühlschrank ziehen lassen. Dann die Beize unter fließendem kaltem Wasser abwaschen und die Filets trocken tupfen.

2 Für die Salatkörbchen die Kartoffeln schälen und dann mit dem Sparschäler zu möglichst langen »Schlangen« schneiden. Vier Ausstechringe mit Butter einfetten und mit Backpapier umwickeln. Die Kartoffelstreifen darumwickeln, festbinden und im heißen Fett frittieren. Die Kartoffelkörbchen erkalten lassen und dann vorsichtig von den Ausstechringen lösen.

3 Für die Sauce Honig, Senf und Dill gut verrühren.

4 Für das Dressing alle Zutaten verrühren, zuletzt das Öl unterschlagen. Den Salat waschen, trocken schleudern und auf die Körbchen verteilen. Jeweils mit etwas Dressing beträufeln.

5 Die Lachsforellenfilets in dünne Scheiben schneiden und mit den Salatkörbchen anrichten. Den Fisch mit der Honig-Senf-Sauce beträufeln.

Für 4 Personen

Beize und Fisch

50 g Meersalz
10 g Zucker
je 1 TL weiße Pfefferkörner, Wacholderbeeren und Korianderkörner
4 Lachsforellenfilets (à 200 g)
1 Bund Dill
1/2 Bund Petersilie
2 cl Weißweinessig
200 ml Olivenöl

Sauce

130 g Waldhonig
70 g mittelscharfer Senf
1 TL gehackter Dill

Salatdressing

100 ml Geflügelbrühe
1 EL Weißweinessig
1 TL Aceto balsamico
1/2 TL Dijonsenf
Zucker
Salz · Pfeffer aus der Mühle
6 EL Öl

Ausserdem

4 große fest kochende Kartoffeln
Butter zum Einfetten
1/2 l Öl zum Frittieren
300 g gemischter Blattsalat (z. B. Frisée, Rucola, Feldsalat)

BILDNACHWEIS

Die **Karten** zeichnete Astrid Fischer-Leitl, München, die **Piktogramme** stammen von Frank Duffek, München

Umschlag Vorderseite: Touristik-Arbeitsgemeinschaft Romantische Straße (links); StockFood/Tim Thiel (Mitte); Werner Teufl (rechts)
Umschlag Rückseite: Werner Teufl (links); IFA Bilderteam/Frima (Mitte); IFA Bilderteam/Forkel (rechts)
Klappe vorne innen: IFA Bilderteam/Schösser (oben); Touristik-Arbeitsgemeinschaft Romantische Straße (2. von oben und unten); IFA Bilderteam/W. Otto (Mitte); IFA Bilderteam/Stadler (2. von unten)
Klappe hinten innen: Jo Kirchherr (oben); StockFood/Susie Eising (Mitte und unten)
Innenteil: Artothek: 98. IFA Bilderteam: AFI 112; Forkel 6–7, 70; Peter Grüner 111; Hollweck 5 (2. von unten links), 108; W. Otto 4 (2. von unten rechts), 50; Fuste Raga 128; Rauch 71; Siebig 114, 135; Stadler 5 (unten rechts), 126; Steinberger 132. StockFood: Zabert Sandmann 18. Werner Teufl: 4 (oben links), 8, 11, 12, 13, 15, 16, 19, 24, 26, 30, 44, 54, 58, 68, 72, 86, 88, 89, 99, 102, 105, 118, 121, 136. Touristik-Arbeitsgemeinschaft Romantische Straße: 4 (2. von oben rechts, 3. von oben links und unten links), 5 (links oben und 2. von oben rechts), 22, 27, 29, 36, 38, 40, 41, 42, 52, 57, 64, 67, 78, 80, 83, 84, 85, 94, 97, 101, 104, 115, 117, 120, 129, 131, 133, 134